報酬分配場面における公正認知に関する研究

原田 耕太郎

大学教育出版

はじめに

本書は、報酬分配場面における分配者の公正認知に焦点を当て、筆者が行ったいくつかの研究をまとめたものである。報酬分配は、報酬を受取る被分配者にとって、手に入る利益の多寡に関わる行為というだけでなく、自分に対する他者からの評価という意味合いも併せ持つ行為である。人は、できる限り多くの報酬あるいは利益を得ようとするし、自分に対する高い評価を望むと考えられるので、報酬分配は、分配者や被分配者を含む当事者の間で対立や葛藤が生じる恐れを内包している。

そのためか、報酬分配に関する社会心理学的研究では、「公正さ」が鍵概念として重要視されてきた。「公正さ」は、社会規範の1つで、対立や葛藤を低減し社会を維持する機能を有し、人々の行動を「公正」へとコントロールする機能を有していると考えられるからであろう。しかし、問題は「公正さ」は元来認知者の主観的な判断によるものであり、「何が公正か」という問に対する客観的な回答あるいは誰もが容認する回答が存在しないことにある。人は、報酬分配に直面するたびに「公正な分配とは」について考え、何らかの回答に至ったとしても、それに十分満足できていないこともあるのでないだろうか。

本書は、筆者の上述した素朴な考えから出発した研究を広島大学博士学位論文としてまとめたものである。1つの事柄を10

回説明してもらってようやくその3割方が理解できる筆者に対し、懇切丁寧に御指導してくださった広島大学大学院教授深田博己先生に厚くお礼申し上げるとともに感謝の意を表します。また、広島大学大学院教授利島保先生、小林正夫先生をはじめとして、広島大学大学院教育学研究科教育人間科学専攻の諸先生方から多くの貴重な御助言を頂きました。さらに、筆者の勤務先の大先輩である徳島文理大学名誉教授岸田元美先生には、折に触れ、励ましの言葉を頂戴しました。記して感謝の意を表します。

そして、本書の出版を引き受けてくださった大学教育出版の佐藤守氏に心からお礼申し上げます。

最後に、公私ともに筆者を支え励ましてくれている家族に対し、感謝します。

2006年3月

原田耕太郎

報酬分配場面における公正認知に関する研究

目　次

報酬分配場面における公正認知に関する研究

第Ⅰ章

本研究の問題の所在と目的

第1節　報酬分配研究の経緯と衡平理論の概要

1．報酬分配研究の意義 —— 社会的公正との関連 ——

本研究は、報酬分配に対する公正認知に関わる心理機制を、分配者に焦点を当てて検討する。複数の人々との間で報酬を分け合う報酬の分配は、人が社会生活を送る中で日常的に遭遇する社会的行為であり、社会的公正さと密接に関連する社会的行為である。

報酬分配は、報酬を受け取る被分配者にとって、自分自身の利益や損失に関わる行為である。報酬分配では、一般に、人は自分の利益が多くなることを望むが、それは別の被分配者が獲得できる利益に影響が及ぶ。すなわち、報酬分配では、被分配者間で利害の対立が起きやすい。この意味で、報酬分配は、社会的葛藤の典型例となりうる。社会的公正は、社会的葛藤を解決するための基準として利用できる。つまり、当事者間で利害が対立し、それぞれが欲する分配結果が一致しない場合に、ある分配結果で同意が成立する形態の1つとして、公正な分配である場合が考えられる。言い換えると、公正な報酬分配であれば、当事者間で合意が成立し受け入れられやすいと考えられる。また、報酬分配は、被分配者にとって各々の作業に対する対価としての意味づけができる場合があり、1種の社会的評価を受ける行為と解釈できる。社会的評価においては、それが正しいかどうかが問題となる。

すなわち、報酬分配は公正さと密接な関係があり、被分配者は、報酬分配に対して、自分自身による報酬の見込みや他者が受け取った報酬との比較を通して、「公正さ」という観点から認知的評価を行う。分配者は、上述した被分配者にとっての報酬分配の意味を経験的に知っていると同時に、「他者への評価や分配は公正に行われるべき」という社会的規範の影響を受けると考えられる。したがって、分配者は、一般的には、公正な報酬分配へと動機づけられている、と考えられる。以上のことから、報酬分配の公正認知に関わる心理機制を検討することは、報酬分配行動の理解において重要な視点であるといえる。

2．報酬分配の定義

本研究は、報酬分配を「複数の個人あるいは集団による作業の結果として得られた報酬を彼らに分配する行為」と定義する。

報酬分配の定義には、山口（2002）の「協同関係の結果として得られた資源を配分する」、田中（1996）の「何人かの協力で得た報酬を分配する」、原田（1995a）の「集団が有する報酬を集団成員に分配する行為」という定義がある。

本研究の定義、山口（2002）の定義および田中（1996）の定義と、原田（1995a）の定義との相違点は、前者では、時間的順序という点で報酬分配より先に被分配者による作業が行われている必要があり、分配される報酬は作業への対価として位置づけられているが、後者では、このような位置づけを必須としていない点である。報酬分配に関する社会心理学的研究において設定された報酬分配場面の多くは、報酬分配に関わる被分配者の要因として、被分配者による校正作業などの事務作業量を用いているので（田中, 1992, 1996）、前者の定義に包含される。しかし、被験者に、野球チームのマネージャーとして選手との契約金の分配を行わせるという課題を設定したラスバルト・ローリィ・ハバート・マラヴァンキン・ナイシー（Rusbult, Lowery, Hubbard, Maravankin, & Neises, 1988）では、被分配者による作業は行われていないと思われる。したがって、原田（1995a）の定義は、ラスバルト他（1988）を包含していると考えられる。

また、本研究の定義および田中（1996）の定義と、山口（2002）の定義とでは、被分配者間の対人関係に相違がある。山口（2002）の定義では、被分配者が協同関係にあることが必要なので、被分配者はお互いに助長的・促進的な相互依存関係になければならない。しかし、本研究の定義や田中（1996）の定義では、協同関係という制限は設けていない。原田（1995a）は集団成員という表現を用いているので、被分配者間での相互依存性を想定しているか否かは不明瞭である。前述したように、報酬分配に関する先行研究の多くは、被分配者の要因として校正作業などの事務作業量を用いていることから（田中, 1992, 1996）、本研究の定義や田中（1996）の定義の方が、先行研究で設定された報酬分配場面を適切に包含できると思われる。

本研究の定義と田中（1996）の定義との相違点は、被分配者として個人を想定するか個人だけでなく集団も想定するかにある。すなわち、本研究の定義では、集団間での報酬分配を想定できるが、田中（1996）の定義ではこの点は不明瞭である。報酬分配に関する先行研究の多くは、被分配者は個人単位であったが、集団単位での報酬分配を扱った研究も存在する（例えば、久木田, 1984）。

本研究における報酬分配の定義は、以上の議論を踏まえ、先行研究が設定した報酬分配場面の多くが包含できること、本研究で設定する報酬分配場面を包含できること、一般的な報酬の字義が、行為に対するお礼であること、といった諸点を勘案した。

3．報酬分配研究と衡平理論

報酬分配に関する社会心理学的研究は、アダムズの衡平理論（Adams, 1965）の検証を中心に発展してきた（田中, 1991, 1996）。これは、報酬分配が公正さと密接な関係にあることと、衡平理論が公正に関する社会心理学の代表的な理論で、社会心理学における公正に関する研究の中心的な位置を占めてきたことに関連すると考えられる（田中, 1998）。ここでは、報酬分配の歴史的経緯とこの研究の中心であった衡平理論について、田中（1991, 1996, 1998）に基づいて概観する。

衡平理論の概要

衡平理論は、社会心理学における公正に関する代表的で古典的な理論である。衡平理論は、人が公正と認知する状態を記述する。すなわち、個人が受け取る利益や負債を成果（outcomes）とし、それをどの程度受け取るかを算出するための当人に帰属する要因を投入（inputs）とする。ある人の成果と投入の比が、比較対象となる他者の成果と投入の比と等しい衡平状態が公正と認知されると主張し、人は衡平状態へと動機づけられている、と衡平理論は主張する。

$$\frac{\text{成果}A}{\text{投入}A}=\frac{\text{成果}B}{\text{投入}B}$$

衡平理論は、ウォルスター・バーシェイド・ウォルスター

(Walster, Berscheid, & Walster, 1976) を代表とした理論の修正が行われている（田中, 1991, 1996)。しかし、衡平理論の主張である、投入と成果との量的関係性が、比較対象との間で等しい場合が衡平であり公正と認知されるという点、人々が衡平状態（すなわち公正）へと動機づけられているという点については、変更されていない。また衡平理論は、報酬分配に限らず、恋愛関係、友人関係、夫婦関係などの対人関係場面への応用も試みられている（例えば、井上, 1999)。

報酬分配と衡平理論との関係

報酬分配は、衡平理論が適用できる格好の社会的行為の1つである。報酬分配において、人々は、公正であるべきという社会的規範の影響を受け、一般的には公正な報酬分配へと動機づけられていると考えられる点、衡平理論は、投入と成果との量的関係に注目するが、報酬分配では、報酬として金銭、投入として被分配者による作業量といった、数量的表現が容易な要因を適用することができるという点が、衡平理論を適用する上で好都合であったといえる。

報酬分配に衡平理論を適用した場合の予測は以下の通りである。被分配者への報酬量が成果に、その報酬量を算出する根拠となる被分配者の要因が投入に相当する。2名の被分配者間でこれらの比が等しい分配結果が衡平状態（衡平分配）であり、公正と認知される。人は衡平状態（すなわち公正）へと動機づけられているので、分配者は衡平分配を行うし、不衡平な分配におかれた被分配者は衡平状態となるよう回復を試みると予測する。諸井（1985）は、前者に該当する一連の研究を“報酬分配”パラダイム、後者に該当する一連の研究を“不衡平な給与—課題遂行”パラダイムと呼んでいる。

つまり、報酬分配に関する先行研究は、衡平理論に基づいて分配行動を予測し、衡平分配が観察されるか否かに関心を寄せていた。

4．報酬分配の規定因

報酬分配に関する先行研究は衡平理論中心に行われてきた。具体的には、報酬分配における分配様式（あるいは分配規範）に関して、衡平分配と平等分配とのどちらが選択されるか、という問題を扱ってきた。この報酬分配規範の選択に関する規定因について、古川（1988）と田中（1996）がレビューを行っている。

古川（1988）は、先行研究が扱った報酬分配規範の選択に関する規定因を、4つのカテゴリーに分類している。第1のカテゴリーは組織・集団外の環境要因であり、具体的な要因として、①類似した他組織・集団における報酬分配状況、②成員の他組織・集団への移動可能性、を挙げている。第2のカテゴリーは組織・集団それ自体の要因であり、具体的な要因として、①成員に対する報酬体系の公開—非公開、②分配決定のなされ方、③組織・集団内における分配しうる全報酬量の豊富さ、を挙げている。第3のカテゴリーは報酬分配者にかかわる要因であり、①報酬分配者の性差、②被分配者との将来における接触可能性、③分配者自身が現に体験している報酬分配規範、を挙げている。第4のカテゴリーは被分配者にかかわる要因であり、①被分配者の課題（職務）遂行度、②貢献度評価の容易さ（評価基準の明瞭性、課題の特性)、を挙げている。

田中（1996）も4つのカテゴリーに分類している。第1のカテゴリーは個人内要因であり、具体的な要因として、①分配者のパーソナリティ属性（自己意識、自尊心、共感性)、②分配者の性差、③分配者の発達段階を挙げている。第2のカテゴリーは対人要因であり、具体的な要因として、①分配者の被分配者（分配相手）に対する好意度、②被分配者との将来の接触可能性、③分配者と被分配者（分配相手）との類似度、を挙げている。第3のカテゴリーは状況要因であり、具体的には、①被分配者間において優先的に作用するのが競争原理なのか和を重視するのか、②分配方法を公開しているか、③被分配者が「流動的」か「固定的」か、④被分配者は内集団成員か外集団成員か、を挙げている。第4のカテゴリーは社会・文化的要因であり、報酬分配における国際比較、特に集団主義的な文化と個人主義的な文化との比較を挙げている。

5．報酬分配研究の動向 ―― 衡平理論との関連 ――

報酬分配に関する研究動向について田中（1996）は、1970年から1994年までのPsycho-infoによるreward allocationをキーワードとした検索結果に基づいて、報酬分配研究が1988年以降急激に減少していることを指摘している。また、Psycho-Infoによるreward allocationをキーコンセプトに含むジャーナルは、1995年から2005年まで29本であった。なお、1993年から2002年までのPsychological AbstractsのSubject indexにおけるreward allocationの項目に掲載された研究数は、年に数本程度にとどまっている。

本邦における報酬分配の研究動向について、田中（1996）は、日本における主要な心理学雑誌（心理学研究、教育心理学研究、年報社会心理学、社会心理学研究、実験社会心理学研究）に掲載された論文について、報酬分配、衡平、公正のいずれかをキーワードに含むものをカウントしている。その結果、1972年から1994年にかけて一年あたり2、3本ずつ合計32本の研究が発表されたことを示した。1994年以降2005年までで報酬分配をキーワードとする研究は、4本存在する。ただし、これらは、諸井（1985）が指摘したパラダイムには包含されない研究であった。

報酬分配研究の中心的な理論であった衡平理論に関する研究の動向について、田中（1991, 1996, 1998）は、衡平理論の衰退と「脱衡平理論化」の傾向を指摘している。すなわち、衡平理論が持つ問題点などが1975年ごろから盛んに指摘されるにつれ（例えば、ドイチェ Deutsch, 1975)、「脱衡平理論化」という表現を用いて、衡平理論中心の研究から、社会的公正を中心に据え、必ずしも衡平理論を中核的な理論としない研究へと移行していったことを指摘している。田中（1991, 1996, 1998）の、衡平理論の衰退という主張に対し、井上（1999）は、衡平理論が対人関係などの領域へ適用されるようになったという主旨に基づき衡平理論衰退への反論を行っているが、報酬分配研究自体が衰退していることについては反論していない。田中（1998）は、先の衡平理論衰退という主張を若干修正し、衡平理論の応用的価値をある程度認めてはいるが、全般的な傾向として衡平理論に関する研究が衰退しているという主張は変えていない。以上より、社会的公正の研究において、衡平理論は、その役割を終えたとまではいわないが、その地位は低下していると考えられる。

報酬分配研究が衡平理論中心に発展してきたという経緯があるためか（田中, 1991, 1996)、報酬分配に関する研究は、社会的公正研究における衡平理論の衰退と連動して低調となったことが推察される。このことは、本邦における社会的公正に関する社会心理学の概説書である「社会的公正の心理学」（田中, 1998）において、対人関係、政治、法手続き、産業場面といった章が設けられているのに対し、報酬分配については独立した章が設けられていないことに象徴される。すなわち、報酬分配研究は、衡平理論の衰退と連動して取り残された状態になっているといえる。

第2節　社会的公正研究の観点からの報酬分配研究の課題

報酬分配研究の経緯を踏まえると、報酬分配研究が低調になったのは、衡平理論中心に研究が行われてきたことと、衡平理論の研究が衰退していることに起因すると考えられる。田中（1996, 1998）は、衡平理論の衰退の原因として、衡平理論が持つさまざまな問題点が指摘され、理論的な価値が低下したためと考察している。また、田中（1998）は、衡平理論から社会的公正研究への移行という研究動向について、研究の関心が、衡平理論が関心を寄せていた公正と認知される状態（結果）の記述から、他の関心（具体的な例としては手続き的公正）へと移ったという変化であって、公正理論としての衡平理論の持つ問題点を改善したわけでなかった、と指摘している。したがって、報酬分配研究には、衡平理論の持つ問題点に起因する、残された研究課題が存在することが示唆される。そこで本節では、社会的公正研究の観点から衡平理論およびその検証を目的とする研究が有する問題点について考察し、報酬分配研究において残された研究課題について言及する。

1．社会的公正研究の概要

社会的公正を心理学の立場から研究する意義は、社会的状況における人々の認知、態度、行動を支える概念として公正さに関する認知が挙げられること、すなわち、公正認知を媒介として人々の反応が生起すると考えられる点にある（タイラー・ボエックマン・スミス・ホー, 2000）。社会的公正に関する研究課題は、タイラー他（2000）を参考にすると、4種の課題に分類できると思われる。第1は、人々の公正認知と反応との関係を検討するという課題である。報酬分配に衡平理論の予測を適用した場合、分配者は公正な報酬分配へと動機づけられており、公正と認知される報酬分配は衡平分配なので、分配者は衡平分配を行うと予測される。つまり、報酬分配の公正さと報酬分配行動とを関連づけているという点で、衡平理論を中心として発展した報酬分配に関する先行研究は、このカテゴリーに含まれると考えられる。ただし、先行研究は、報酬分配行動に関心があり、報酬分配の公正認知には関心がなかったので、報酬分配の公正認知を測定していない。先行研究では、分配者が自ら行った報酬分配を公正と認知していることを前提とし、報酬分配行動を検討していた。したがって、先行研究で検討されている公正認知と反応との関係は、限定的であると考えられる。第2は、公正認知を規定する要因や公正さの判断基準に関する要因を検討するという課題である。本研究は報酬分配場面における公正認知に関心があるので、このカテゴリーに含まれると考えられる。第3は、人々はなぜ公正に対して関心を持つのかを検討するという課題である。タイラー他（2000）によると、公正さへの関心は、他者との関係性の中で自己の利益を最大化しようとする欲求から生じるとする理論的アプローチと、社会や集団における自分の地位や価値の評価という点から生じるとする理論的アプローチがある。第4は、人々はいつ公正について関心を持つのかを検討する、つまり、公正さへの関心を変動させる状況要因について検討するという課題である。タイラー他（2000）によると、分配されるべき資源の豊富さや分配の機会の豊富さという要因と、分配場面において人々が従事する役割という要因が検討されている。

また、社会的公正は3種のタイプに分けられる（タイラー他, 2000）。第1は、分配的公正であり、社会資源や報酬、負債などの分配結果における公正さである。衡平理論は、公正と認知される状態を記述するので、分配的公正に関する理論だといえる。第2は、手続き的公正であり、ある分配結果に至る過程や決定までの手続きにおける公正さである。リンド・タイラー（1995）は、人の公正認知は、結果が公正であったかどうか（すなわち分配的公正）よりも、結果に至るまでの手続きの公正さや正当性が重要であると主張している。田中（1998）によると、社会的公正研究において、衡平理論衰退後に中心的役割を占めるようになった概念である。第3は、報復的公正であり、社会が有している規則への違反に対して、人々がどのように反応するのかを検討する。ただし、この領域は他の領域に比べ最も研究が遅れている（タイラー他, 2000）。

2. 衡平理論に関する理論的検討

衡平理論は、投入と成果との比に注目し、衡平状態が公正と認知されると主張し、衡平状態へと動機づけられると主張する。したがって、衡平理論に基づいて社会的行動を予測すると、人は衡平状態となるよう行動する、という予測が成立する。衡平理論は、公正認知の規定因として社会的行動の結果だけを想定した、分配的公正に関する理論であり、公正さと行動との関連を示唆した理論だといえる。

ただし、衡平理論による社会的行動の予測が適用できるのは、その行為者が自らの行動（より正確には行動の結果）を公正と認知していることが前提となる。したがって、報酬分配に衡平理論を適用すると、分配者が衡平分配を行うと予測するが、分配者は自ら行った報酬分配を公正と認知していることが前提となる。なぜなら、衡平理論は、衡平分配が公正と認知され、分配者は公正な報酬分配へと動機づけられていると主張し、これに基づいて、分配者は衡平分配を行うと予測するからである。すなわち、衡平理論が適用できるのは、分配者が自ら行った報酬分配を公正と認知している場合のみである。つまり、報酬分配（分配結果）が衡平分配でなかった場合に、分配者が自ら行った報酬分配を公正とは言いがたいと認知していた場合には、衡平理論の適用ができないために、衡平理論による予測が妥当ではないという結論を下すことができなくなるからである。

3．衡平理論の検証を中心とした報酬分配研究の検討

報酬分配研究は、衡平理論の検証を主目的としていたため、衡平分配を行ったか否かに関心を向けていた。したがって、先行研究は、報酬分配は公正と認知されていることを前提とし、報酬分配の結果が衡平分配であったか否かを明確に判別できるような報酬分配場面を設定する必要があった。このような研究上の必要性から、先行研究には、ごく一部の例外的な研究は存在するものの、以下のような3つの共通点を見出すことができる。

第1の点は、被分配者の要因（投入に相当）と報酬（成果に相当）にはどちらにも数量的表示が可能な1種類の要因を用いている（被分配者の要因では校正作業などの事務作業量（業績）が多く、報酬では金銭が多い。田中, 1992, 1996）という点である。この背景については、投入や成果にあたる要因が複数存在すると、投入や成果の算定において、どの要因がどの程度重視されるのかという問題が生じ、結果として報酬分配の結果が衡平分配か否かの判別が不明確になるため（田中, 1992）と考えられる。さらに、報酬分配に対する公正認知においても、同様

の問題が生じ、報酬分配の結果を公正だと認知しているという前提が保証されにくくなるためと考えられる。第2の点は、分配すべき報酬量をどのようにして決定するかという、報酬分配の決定方法に関心を向けていないという点である。この背景については、衡平理論自体に報酬分配の決定方法に該当する要因が組み込まれていないため、と考えられる。第3の点は、報酬分配の公正認知の程度を測定しない、という点である。この背景については、先行研究の関心が分配される報酬量にあったため、言い換えると、衡平分配が観察されるか否かにあったためと考えられる。

4．報酬分配研究に残された課題

報酬分配場面における公正認知に関する研究の関心は、公正認知を規定する要因をとりあげ、その影響を検討することにある。このような研究上の関心からは、衡平理論検証の枠組みで行われた従来の先行研究では報酬分配の公正認知に関する研究が不十分であると考えられる。ここでは、報酬分配に関する先行研究の問題点を指摘する。

報酬分配の公正認知に関する問題

先行研究では、報酬分配の公正認知が測定されていない。この背景として、先行研究の関心が、報酬分配の結果が衡平分配であったか否かにあったため、ということが考えられる。先行研究において、報酬分配の公正さは、報酬分配が公正と認知されていることを前提とするという位置づけがなされている。しかし、報酬分配において、公正であることは社会的規範の1つなので、分配者は公正な報酬分配へと動機づけられているという仮定は妥当としても、分配者は常に公正動機を充足させているとは言い難い。つまり分配者が、分配結果を常に公正と認知しているとは限らず、衡平理論の検証における分配者は報酬分配を公正と認知しているという前提は、常に満たされているとは限らない。ごく一部の研究で報酬分配の公正さを測定しているが、これらの研究では、公正認知が実験条件間で差違があることを報告している（ウィッティング・マークス・ジョーンズ Witting, Marks, & Jones, 1981; ラスバルト・キャンベル・プリンス Rusbult, Campbell, & Price, 1990; 原田, 1994)。報酬分配にとって公正さが重要な鍵概念であるならば、報酬分配の公正認知を測定し、公正認知に影響を及ぼす諸要因について検討する必要がある。

報酬分配における被分配者の要因と報酬に関する問題

報酬分配は、受け取るべき報酬量を被分配者の要因に基づいて算出するという過程から構成されるので、分配される報酬量（成果に相当）や、その報酬量の算定に用いられる被分配者の要因（投入に相当）は、報酬分配やその公正認知に影響を及ぼす要因だと考えられる（田中, 1992; ドイチェ, 1975）。しかし、衡平理論検証を主目的とした先行研究では、これらの要因の影響を扱ってこなかった。これらの要因について、先行研究には、どちらにも数量的表示が可能な1種類の要因を用いている（被分配者の要因では校正作業などの事務作業量（業績）が多く、報酬では金銭が多い。田中, 1992, 1996）という共通点がある。これを満たす報酬分配場面は、報酬分配において分配者が分配結果を公正と認知しているという前提を満たすという意味や、衡平分配か否かを明確に判別できるという意味で、適切な場面だといえる。しかし、先行研究は、報酬分配の定義に照らすとごく一部の報酬分配場面しか扱ってこなかったともいえる。なぜなら、報酬分配の定義には、分配される報酬やその算定に用いられる被分配者の要因を、それぞれ1種類に限定するといった制限はない。また、衡平理論自体においても、このような制限を設けているわけではない（アダムズ, 1965）。したがって、狭義の報酬分配研究においても、報酬（成果に相当）やそれの算出に用いられる可能性がある被分配者の要因（投入に相当）には、多様な要因が想定できるし、それらが複数存在する報酬分配場面も想定可能である。例えば、被分配者の要因には達成された作業量（業績）だけでなく作業に従事した時間（努力）など、報酬には金銭だけでなく感謝や賞賛などの肯定的な言語メッセージなどが存在する場面は想定可能であろう。日常生活で経験する報酬分配では、これらの要因が複数想定できる場面の方が、先行研究が設定してきた報酬分配場面よりも一般的だと思われる。また、業績以外の被分配者の要因が報酬分配に影響を及ぼすことを示唆した調査的研究も存在する（ディヤー・シュワヴ・シリアウト Dyer, Schwab, & Theriault, 1976)。しかし、この問題について、田中（1996）は「衡平理論におけるインプットとアウトカムについての問題」として論じており、特に被分配者の要因については、この問題を解く手がかりとなるべき実験的研究結果が見当たらないと述べている。

先行研究が設定した報酬分配場面の大半が、被分配者の要因として業績、報酬として金銭を設定しているが、例外的な研究も一部存在する。被分配者の要因に関しては原田（1995b）による文献研究があり、①被分配者の業績、②被分配者の能力、③被分配者の努力、④被分配者の経済的必要性、⑤被分配者の性、⑥被分配者の移動可能性、⑦被分配者の年齢・学歴・年功、が検討されていると報告している。さらに、これらの要因と報酬分配との関連について、①報酬分配に対する影響力は被分配者の業績が最も強いこと、②その他の要因については、主効果だけでなく他の要因との交互作用に注目していく必要があること、③能力と努力は、業績の原因と位置づけられること、④被分配者の要因の影響は報酬分配の公正さと関連づけて検討する必要性を示唆している。しかし、これらの示唆に基づいた実証的研究は行われていない。

報酬に関しては、被分配者が、金銭報酬が被分配者の業績に比べて不十分であっても、職務上の地位を高くしたり（グリーンバーグ Greenberg, 1988)、仕事に対し高級であるかのような名称を与えたりする（グリーンバーグ・オルステイン Greenberg & Ornstein, 1983）ことで、金銭的な不十分さを補うことを示唆している。これらは被分配者による不衡平回復に関する研究であるが、報酬分配における分配者が複数の報酬を分配できるという状況では、分配者は公正な報酬分配へと動機づけられているので、ある報酬の分配において公正さが低く認知された場合には、別の報酬の分配によって、公正認知の低さを補い公正さを向上させようとする、と考えられる。しかし、このような分配者の立場からの研究は行われていない。

報酬分配を決定する過程に関する問題点

衡平理論の枠組みでは、報酬分配の公正認知に影響を及ぼす要因として分配結果だけが想定され、分配の決定過程の影響は想定されていない。しかし、社会的公正が、分配的公正と呼ばれる行動の結果における公正さと、手続き的公正と呼ばれるその結果に至る過程における公正さという側面とに分けられるのであれば、決定手続きにかかわる決定方法が、報酬分配の公正さに影響を及ぼす可能性がある。１つには、報酬分配の決定の過程が、手続き的公正の観点から公正さが高いと認知される場合である。リンド・タイラー（1995）は、物事に対する公正さにとって、手続き的公正の方が分配的公正よりも重要だと主張している。もう1つには、報酬分配の決定過程に関するヒューリスティックスや信念が、報酬分配の公正認知に影響を及ぼす場合である。この例として、集団決定と個人決定との相違がある。人々は意思決定過程において「話し合い」を重視し、合議の知とでもいうべき直感的な信頼感を有している（亀田, 1997）。したがって、一般に、物事を決定する際には、集団による話し合いを経る集団決定の方が、話し合いがなく単独で決定する個人決定よりも、その結果についてより肯定的な評価を行う可能性がある。報酬分配においては、報酬分配の公正さや望ましさの認知などで、集団決定の方が個人決定よりも、高く認知される可能性がある。しかし、報酬分配の公正認知における、集団決定と個人決定との相違に関する実証的研究は行われていない。

5．まとめ

本節では、報酬分配研究に残された課題について、報酬分配研究の中心的理論である衡平理論の問題点に関する考察を通して、検討した。主要な問題点は、衡平理論が分配結果のみに注目していることと、衡平理論を検証する上で、設定される報酬分配場面にいくつかの制限があることであった。具体的には、報酬分配の公正認知を測定していないこと、被分配者の要因や分配される報酬には数量表示可能な1種類の要因を用いていること、公正認知の規定因として分配結果以外の要因を考慮していないことであった。したがって、報酬分配の公正認知に関する研究は不十分であること、公正認知やそれを媒介とした報酬分配行動に影響を及ぼす要因として、被分配者の要因や分配される報酬があり、特にこれらが複数存在する報酬分配場面を扱った研究が行われていないこと、報酬分配の決定方法の影響が検討されていないことが示された。

第 3 節　本研究の目的

本研究は、先行研究が、主に衡平理論検証の枠組みで行われ、分配結果について検討してきたのに対し、主に分配者の報酬分配の公正認知に関する心理機制を検討する。具体的には、まず、研究 1 では、被分配者の要因が複数存在する報酬分配場面を設定し、被分配者の要因と報酬分配および分配者による報酬分配の公正認知との関連を検討する。ここでは、原田（1995b）の文献研究に基づき、分配者に提示する被分配者の要因を複数設定し、報酬分配においてどのような要因が重視されるか、報酬分配の公正認知と被分配者の要因とにどのような関係がみられるかを検討する。研究 2 では、報酬分配の決定方法と分配者による報酬分配の公正認知との関係性について、集団決定と個人決定との比較を通して検討する。研究 3 では、分配される報酬を複数設定し、分配者による報酬分配の公正認知と報酬分配行動との関連を検討する。すなわち、ある報酬の分配に対する分配者の公正認知の程度が低い場合、別の報酬の分配によってその公正認知の低さを補おうとする、という予測を検討する。

第Ⅱ章

分配者自身による報酬分配の公正認知に関する実証的研究

第1節　被分配者の業績、能力、努力が報酬分配と分配者による報酬分配の公正認知に及ぼす影響（研究1）

1．問題

研究1では、報酬分配に際し分配者に被分配者の要因を複数提示し、これらが報酬分配とその公正認知に及ぼす影響を検討する。先行研究の多くが被分配者の要因として業績のみを設定しているが（田中, 1992, 1996）、一部に業績以外の被分配者の要因を扱った研究が存在する。原田（1995b）によると、先行研究で扱われた業績以外の被分配者の要因は、①被分配者が一定の時間内で達成できる作業量として定義される能力（例えば、原田, 1994; ラム・カイザー Lamm & Kayser, 1978; スタレンツ・ジンザー Stalans & Zinser, 1986）、②被分配者が作業に従事していた時間として定義される努力（例えば、エリオット・メーカーElliott & Meeker 1984; カイザー・ラム Kayser & Lamm, 1981; 斉藤・佐々木, 1987; ウィッティング他, 1981)、③被分配者が必要としている金銭的報酬量として定義される経済的必要性（例えば、ラム・シュウィンガー Lamm & Schwinger, 1980; パンディ・シン Pandey & Singh, 1989)、④被分配者の性（例えばローウッド・リヴァイン・シャウ・ハーヴィッツ、Larwood, Levine, Shaw, & Hurwitz, 1979; レイス・ジャクソン Reis & Jackson, 1981)、⑤転職のように、報酬分配を構成する人々からなる集団が複数想定され、被分配者がある集団から別の集団へ移動しようとする程度として定義される移動可能性（例えば、ラウドー・レーベンサール Laudau & Leventhal, 1976; ラスバルト他, 1988)、⑥被分配者の年齢・学歴・年功（例えば、田中, 1990)、がある。原田（1995b）は、これらの要因について、①業績の原因として、能力と努力が位置づけられること、②報酬分配への効果に関して、主効果よりも、業績や作業の特性、被分配者間の対人関係上の特徴や分配者に課せられた目標といった報酬分配の文脈的要因など、他の要因との交互作用に注目すべきであることを、指摘している。

以上の議論より、研究1では、被分配者の要因として、業績、能力、努力の3要因を取り上げることとした。ただし、業績の原因として能力と努力とが位置づけられることから（原田, 1995b)、これら3要因を独立に操作することはできない。そこで、業績は能力と努力の積に等しい、つまり業績＝能力×努力の関係を仮定し、この関係性の下でこれら3要因を量的に操作した（以下、投入条件と呼ぶ。表1)。これら3要因を分配者に提示した研究として、エリオット・メーカー（1984)、カイザー・ラム(Kayser & Lamm, 1981, 1982)、ステイク（Stake, 1983）があげられる。ただし、エリオット・メーカー（1984）では、業績、能力、努力が相互に独立した要因として操作されているが、このような操作は、業績の原因として能力と努力が位置づけられるという概念上の関係性と矛盾する。また、ステイク（1983）は、業績、能力、努力の量的操作を、報酬量の算定基準の明瞭性に関する操作に用いている。

カイザー・ラム（1981）では、被分配者の業績の差が、主に努力の差に関わらず能力の差に起因すると分配者に認知される条件と、主に能力の差に関わりなく努力の差に起因すると分配者に認知される条件を設定した。具体的には、被分配者の業績比、能力比、努力比を、前者では60：40、67：33、1：2と設定し、後者では60：40、33：67、2：1と設定した。このよう

表1　投入条件の操作

投入条件	被分配者	能力(枚／1H)	投入条件	投入条件
能力起因条件	A／B	40／20	4／4	160／ 80
努力起因条件	A／C	40／40	4／2	160／ 80
相補関係条件	A／B	40／20	3／6	120／120
異業績条件	A／B	—／—	—／—	160／ 80
等業績条件	A／B	—／—	—／—	120／120

注）努力起因条件では、被分配者2名を「A」、「C」と表記した。

な操作は、業績が能力と努力の積に等しいという関係性が保たれておらず、被分配者が従事した作業が能力優位の作業であったか努力優位の作業であったかについての操作になっていると考えられる。すなわち、被分配者が従事した作業の特性の相違が報酬分配に影響を及ぼしたと解釈することができる。カイザー・ラム（1982）では、被分配者の能力差と努力差について、能力は上だが努力は等しい、といった表現で操作を行い、数量的な表現を用いていない。このため、被分配者の能力差や努力差が被験者の推測に委ねられることになり、不明瞭な操作になっている。また、この操作では、被験者は、被分配者が従事した作業の特性が異なると認知する可能性がある。したがって、業績の原因として能力と努力とが位置づけられ、これらを数量的な表現で分配者に提示した報酬分配場面は、先行研究では扱われていない、と考えられる。これら3要因と報酬分配との関係について、報酬分配に関する先行研究では業績に応じた衡平分配が行われることが多いこと（古川, 1981）、業績以外の要因について他の要因との交互作用に注目すべきであるという示唆があること（原田, 1995b）から、報酬分配においては、業績が能力や努力よりも重視されることが予想される。

さらに、報酬分配への能力や努力の効果を検討する際には他の要因との交互作用に注目すべきという示唆があるので（原田, 1995b）、本研究では、文脈的要因として、分配者が報酬分配の際に、分配後も被分配者による作業があることを考慮するか否かに注目した（以下、交換関係[1]と呼ぶ）。被分配者による作業が終了しており、報酬分配後には被分配者による作業が存在しない場合（以下、終了事態と呼ぶ）では、分配される報酬は、被分配者の作業への対価あるいは返報という意味合いを持つ。しかし、報酬分配後にも被分配者による作業がある場合（以下、継続事態と呼ぶ）では、報酬分配は被分配者の作業への動機づけに影響を及ぼすことが示唆されているので（古川, 1988）、分配される報酬は、すでに行われた作業への対価だけでなく、これから行われる作業への投資という意味合いも持つと考えられる。終了事態では、報酬は作業への対価という意味合いが強いので、報酬分配においては、達成された作業量すなわち業績が能力や努力よりも重視される、と考えられる。継続事態では、報酬は作業への対価という意味合いと次回の作業への投資という意味合いが含まれ、能力と努力は業績の原因と位置づけられるので、分配者は、報酬分配において業績だけでなく能力や努力も重視すると考えられる。

以上より研究1では次の2つの仮説を設定した。①報酬分配では、業績が能力や努力よりも重視されるであろう（仮説1）。②継続事態では終了事態と比べて、能力や努力の重視度が高くなるであろう（仮説2）。しかし、分配者による報酬分配の公正認知に関する仮説は、手がかりとなるべき研究が存在しないので、設定できなかった。

2．方法

実験の概要

「管理行動に関する調査」と題し、報酬分配場面と従属変数となる質問項目を記載した小冊子を用いて、集合調査法によって実施した。設定した報酬分配場面は「校正作業を行った被分配者2名に対して24,000円の金銭報酬の分配を行う」であった[2)]。

実験計画

5（投入条件）×2（交換関係）からなる混合計画を用いた。投入条件は、能力起因条件、努力起因条件、相補関係条件、異業績条件、等業績条件の5条件からなり、被験者内変数に配置された。交換関係は、終了事態と継続事態の2条件からなり、被験者間変数に配置された。

被験者

専門学校生男子27名、女子89名であった。各条件に割り当てる被験者数および男女の構成比ができる限り等しくなるよう配慮しながら、被験者を無作為に割り当てた。男子の有効回答者数は各条件12名だったので、女子については有効回答者から各条件12名を無作為に抽出した。その結果、データ数は、各条件ともに男女12ずつの48となった。

独立変数の操作

投入条件の操作は、報酬分配場面に記述した被分配者の要因（業績、能力、努力）を変化させることで操作した。操作においては、被分配者間における業績比、能力比、努力比が1：2あるいは1：1となること、被分配者2名による業績が原稿240枚、被分配者に分配する報酬量の総額が24,000円となること、業績は能力と努力との積に等しいという関係性を保つことを、配慮した。具体的な操作は表1にまとめた。なお、被験者への提示順序について、2つのブロックに分け、前半のブロック内では異業績条件と等業績条件の2条件を無作為化し、後半のブロック内では、能力起因条件、努力起因条件、相補関係条件の3条件を無作為化して、被験者に提示した。

交換関係の操作は、分配者が報酬を分配する際に、分配後も被分配者の作業が行われることを考慮するよう教示する（継続事態）か、被分配者の作業が全て終了したことを教示する（終了事態）か、により操作した。被験者は、記述された報酬分配場面を読み、従属変数に回答した。

従属変数

①報酬の分配　質問文は、「いくら報酬を渡しますか。」であり、被分配者2名に対して報酬24,000円を分配させた。

②業績、能力、努力の重視度　業績、能力、努力の3つの情報を提示した能力起因条件、努力起因条件、相補関係条件にお

いて設定した。質問文は、「1）それぞれが実際に処理した枚数、2）1時間あたりに処理できる枚数、3）それぞれが処理にかかった時間を、どの程度重視しましたか。」であった。報酬分配額の決定におけるそれぞれの重視度を、重視しないを0点、重視するを3点とした4段階で評定させた。なお、異業績条件と等業績条件では被験者に業績、能力、努力を提示していないので、これらの重視度評定を行わなかった。

③報酬分配に対する全般的な公正さの認知　質問文は、「あなたの行った報酬の分配は、全般的にみて、どの程度公正（フェア）であると思いますか。」であった。分配者による自ら行った報酬分配に対する全般的な公正さの認知を、全く公正でないを－3点、絶対公正であるを＋3とした7段階で評定させた。

3．結果

業績、能力、努力の重視度

業績、能力、努力の評定を行った能力起因条件、努力起因条件、相補関係条件の3条件における、報酬分配での業績、能力、努力の重視度を表2に示した。能力起因条件、努力起因条件、相補関係条件を分析対象とした3（投入条件）×2（交換関係）×3（業績、能力、努力。以下、投入情報[3]と呼ぶ）の分散分析を行った。その結果、投入情報の主効果が有意であった（$F_{(2,92)} = 23.86, p < .001$。図1）。有意水準を5％に設定したライアン法に

表2　業績、能力、努力の重視度

交換関係	投入条件	業　績	能　力	努　力
終了	能力起因	2.38（0.99）	1.29（1.06）	1.42（1.12）
	努力起因	2.29（0.98）	1.17（1.07）	1.67（1.11）
	相補関係	1.83（1.25）	1.46（1.08）	1.67（1.25）
継続	能力起因	2.21（1.15）	1.21（1.15）	1.58（1.32）
	努力起因	2.54（0.91）	1.08（1.29）	2.25（1.05）
	相補関係	2.50（1.00）	1.04（1.24）	1.29（1.21）

注）数値は、平均（標準偏差）である。

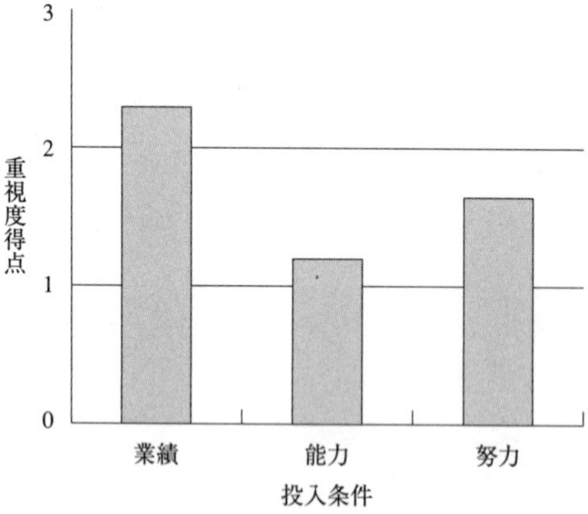

図1　業績、能力、努力の重視度における投入情報の主効果

よる多重比較の結果、業績（$M = 2.29$）、努力（$M = 1.65$）、能力（$M = 1.21$）の順で有意に重視されていた（業績vs.努力では$t_{(92)} = 4.09$、業績vs.能力では$t_{(92)} = 6.87$、努力vs.能力では$t_{(92)} = 2.77$）。

さらに、投入条件×交換関係×投入情報の交互作用が有意（F

$_{(4,184)}$ = 2.83, p <.05）であった。下位検定の結果、交換関係×投入情報の単純交互作用は、相補関係条件においてのみ有意であった（$F_{(2,276)}$ = 4.08, p <.05）。相補関係条件における投入情報の単純・単純主効果は、継続事態では有意であったが（$F_{(2,276)}$ = 13.19, p <.05）、終了事態では有意でなかった（$F_{(2,276)}$ = 0.77, ns）。継続事態における相補関係条件では、業績が努力や能力よりも有意に重視されたが、努力と能力の間に有意な差はみられなかった（業績vs.努力では $t_{(276)}$ = 4.80、業績vs.能力では $t_{(276)}$ = 3.98、努力vs.能力では $t_{(276)}$ = 0.82）。また、相補関係条件における交換関係の単純・単純主効果は、業績において有意であった（$F_{(1,414)}$ = 4.01, p <.05）。相補関係における業績の重視度は、継続事態の方が終了事態よりも高かった。また、努力の重視度において、交換関係×投入条件の単純交互作用が有意であり（$F_{(2,276)}$ = 3.60, p <.05）、業績の重視度においては有意傾向であった（$F_{(2,276)}$ = 2.71, p <.10）。交換関係の単純・単純主効果が、努力起因条件での努力の重視度において有意傾向であり（$F_{(1,414)}$ = 3.07, p <.10）、努力起因条件では終了事態よりも継続事態の方が努力を重視する傾向がみられた。また、相補関係条件での業績の重視度においても有意であり（$F_{(1,414)}$ = 4.01, p <.05）、相補関係条件では終了事態よりも継続事態の方が業績を重視していた。

これらの結果は、仮説1を支持し、仮説2を支持しなかった。交互作用は有意であったが、下位検定では、有意な効果が観察された条件はわずかである。したがって、概括すれば、報酬分配においては、業績が能力や努力よりも重視されるという結果が得られたといえる。

報酬の分配

業績、能力、努力の重視度の分析結果において、報酬分配では業績が最も重視されることが示されたので、被分配者に分配した報酬量については、業績のみに基づいた衡平分配を行ったか否かに注目した（表3）。業績に基づく衡平分配は、異業績条件、能力起因条件、努力起因条件では被分配者Ａに16,000円、被分配者Ｂ（C）に8,000円の分配、等業績条件と相補関係条件では

表３　被分配者Ａへの報酬量に関する度数分布

報酬量（円）	投入条件				
	能力起因	努力起因	相補関係	異業績	等業績
11999以下	0	0	1	0	0
12000	2	7	13	1	24
12001～15999	9	6	7	10	0
16000	8	9	1	11	0
16001以上	5	2	2	2	0
11999以下	0	0	3	0	0
12000	8	4	15	4	24
12001～15999	3	6	3	6	0
16000	12	13	2	14	0
16001以上	1	1	1	0	0

注１）上段が終了事態,下段が継続事態。
注２）業績に基づく衡平分配は、能力起因、努力起因、異業績の各条件の場合16,000円、相補関係、等業績の各条件の場合12,000円。

被分配者A、被分配者Bともに12,000円の分配である。

報酬分配の結果は、ほとんどの条件で最頻値が業績に基づく衡平分配であった。そこで、条件間における衡平分配を行った割合の差について検討した。まず投入条件間で差があるかどうかを、終了事態と継続事態とで別に、コクランのQ検定を用いて検討した。その結果、終了事態で有意（$\chi^2(4) = 29.64, p < .01$）、継続事態でも有意であった（$\chi^2(4) = 20.71,\ p < .01$）。有意水準を5%に設定したライアン法による多重比較を、マクニマー検定を用いて行った結果、終了事態と継続事態ともに等業績条件と他の条件との間で有意差がみられた（終了事態、継続事態の順で、異業績条件では$z = 3.33$と$z = 2.85$、能力起因条件では$z = 3.75$と$z = 3.18$、努力起因条件では$z = 3.61$と$z = 3.02$、相補関係条件では$z = 3.02$と$z = 2.67$）。等業績条件ではすべての被験者が業績に基づく衡平分配を行ったが、他の条件では業績に基づく衡平分配を行わない場合もあった。しかし、衡平分配を行わない割合について等業績条件以外の条件間に有意差はみられなかった。次に、交換関係の効果を検討するために、投入条件ごとにχ^2検定を行ったが、どの投入条件においても有意な効果は認められなかった（異業績条件では$\chi^2(1) = 0.05$、能力起因条件では$\chi^2(1) = 0.08$、努力起因条件では$\chi^2(1) = 0.08$、相補関係条件では$\chi^2(1) = 0.02$）。したがって、報酬分配は、業績に基づく衡平分配が原則的に行われたといえる。

報酬分配の公正認知

分配者による自ら行った報酬分配に関する全般的な公正さの認知の結果を図2に示す。公正認知について、5（投入条件）×2（交換関係）の分散分析を行った。その結果、投入条件の主効果が有意であった（$F_{(4,184)} = 17.36$, $p < .001$）。公正さの認知は、等業績条件（$M = 2.50$）が最も高く、努力起因条件（$M = 1.58$）、異業績条件（$M = 1.17$）、能力起因条件（$M = 0.98$）、相補関係条件（$M = 0.92$）の順で低下したが、有意水準を5%に設定したライアン法による多重比較の結果、有意な差が認められたのは、等業績条件と他の条件との間（努力起因条件との差は$t_{(184)} = 4.14$、異業績条件との差は$t_{(184)} = 6.02$、能力起因条件との差は$t_{(184)} = 6.86$、相補関係条件との差は$t_{(184)} = 7.15$）、努力

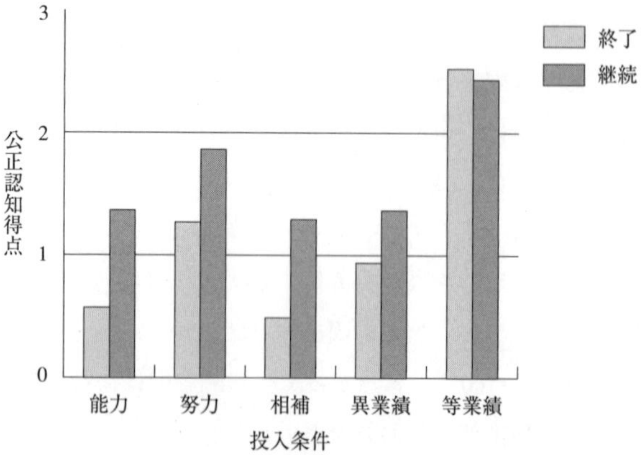

図2　報酬分配の公正認知

起因条件と能力起因条件との間（$t_{(184)} = 2.73$）、努力起因条件と相補関係条件との間（$t_{(184)} = 3.01$）であった。等業績条件が最も公正と認知されていた。また、業績、能力、努力を提示した能力起因条件、努力起因条件、相補関係条件の間では努力起因条件の方が他の2条件よりも公正と認知されていた。さらに、交換関係の主効果が有意傾向であった（$F_{(1,46)} = 2.83, p < .10$）。継続事態（$M = 1.68$）の方が終了事態（$M = 1.18$）よりも公正と認知する傾向がみられた。

4．考察

研究1の結果を要約すると、以下のようになる。①報酬分配における業績、能力、努力の重視度について、業績が能力や努力よりも重視された、すなわち、仮説1は支持されたが、仮説2は支持されなかった。②報酬の分配について、原則的に業績に応じた衡平分配が行われた。③報酬分配の公正認知について、被分配者における能力差がない条件（努力起因条件）の方が能力差のある条件（能力起因条件と相補関係条件）より公正認知が高かった。

業績、能力、努力の影響に関して、報酬分配に対しては業績が影響を及ぼし、報酬分配の公正認知に対しては能力が影響を及ぼしていた、と解釈できる。報酬分配と報酬分配の公正認知とで、影響を及ぼす被分配者の要因が異なっていたという結果は、業績、能力、努力について以下の2点で相違があるためと考えられる。第1の点は、報酬との結びつきの直接性という点である。報酬は作業への対価という面があるので、報酬との結びつきの直接性では業績が能力や努力よりも直接的である（クック・ヤマギシ Cook & Yamagishi, 1983）。第2の点は、被分配者による統制可能性という点である。能力は努力や業績よりも、被分配者による統制が困難である（ワイナー Weiner, 1979）。したがって、被分配者の要因の影響は、分配される報酬量では報酬との結びつきの直接性に依存しており、報酬分配の公正認知では、被分配者による統制可能性に依存している、と考えられる。

交換関係の影響に関して、仮説2が支持されず、報酬分配においても有意な効果はみられなかった。この理由について、報酬分配では被分配者の要因、特に業績の方が交換関係よりも影響力が大きいためと考えられる。すなわち、交換関係に加え業績、能力、努力が提示される条件では特に分配者が勘案すべき要因が多くなりすぎたため、分配者は勘案すべき要因を選別することで認知的な負荷を軽減しようとし、その際に、交換関係は軽視された、と考えられる。また、報酬分配は原則的に業績に基づいた衡平分配で行われるので、継続事態において、分配者は、次回の報酬分配においても業績に基づく衡平分配が行われる可能性が高いことを被分配者に強調するために、業績の影響を強く反映させたので相対的に交換関係の影響が弱まったと考えられる。

報酬分配の公正認知においては、継続事態の方が終了事態よりも公正さを高く認知する傾向がみられた。これは管理者が組織を管理、維持していく上で公正さを重視していること（グリーンバーグ Greenberg, 1990）と関連している可能性がある。一般に、対人関係における公正さが低いとその関係は破綻する恐れがあるので、対人関係を維持させるためには公正さを保つ必要性がある。継続事態においては、作業と報酬との交換という分配者―被分配者の関係を維持する必要があるので公正さは重要だと考えられる。このことが、公正認知に反映した可能性がある。しかし、主効果は有意傾向にとどまっており、再検討が必要であろう。

第2節　報酬分配の決定方法が分配者による報酬分配の公正認知に及ぼす影響（研究2）

1．問題

研究2では、報酬分配の決定方法と報酬分配の公正認知の関係を、集団決定と個人決定の比較により検討する。報酬分配の決定方法は、ある報酬分配結果にいたる過程に関わる要因である。したがって、この要因は、報酬分配やその公正認知に影響を及ぼす可能性のある要因だと考えられるが、報酬分配に関する先行研究では、衡平理論が中心的役割を果たしていたために、ほとんど検討されていない。

報酬分配に衡平理論を適用した場合、衡平分配が公正と認知されると予測する。また、衡平理論は、公正と認知される状態を記述する理論であるので、報酬分配の結果が報酬分配の公正認知を規定する、と想定している。しかし、研究1では、報酬分配結果が、ほとんどの条件で業績に基づく衡平分配であっても、分配者自身による報酬分配の公正認知には、条件間で相違があることが示された。つまり、報酬分配の公正認知は、報酬分配の分配結果だけで規定されるわけではなく、被分配者の要因の影響を受けることが示された。

報酬分配の決定方法が報酬分配の公正認知に影響を及ぼす心理的な過程としては、手続き的公正の影響と、ヒューリスティックスや信念の影響が想定できる。報酬分配における手続き的公正は、分配結果に至るまでの決定過程に関する公正さである。衡平理論が扱う分配結果に関する公正さは分配的公正と呼ばれ、手続き的公正とは区別される（リンド・タイラー, 1995）。つまり、報酬分配に対する公正認知は、手続き的公正と分配的公正に分けて認知され、それが統合された結果と解釈できる。したがって、報酬分配の決定方法に関する手続き的公正さの程度が、報酬分配の公正認知に影響を及ぼすと考えられる。バーレットーハワード・タイラー（Barrett-Howard & Tyler, 1986）は、分配決定において手続き的公正が重視されること、一貫性、倫理性、バイアスの抑制、正確性が手続き的公正の基準として重要であることを示した。ただし、研究2で設定する集団決定と個人決定では、手続き的公正の基準において差違はないと考えられる。

人々は、一般に、物事を決定する際には、集団による話し合いを経る集団決定の方が、話し合いがなく単独で決定する個人決定よりも、その結果についてより肯定的な評価を行う、と考えられる。なぜなら、人々は意思決定過程において「話し合い」を重視し、合議の知とでもいうべき直感的な信頼感を有していると考えられるからである（亀田, 1997）。したがって、報酬分配においては、報酬分配の公正さや望ましさの認知などで、集団決定に対するヒューリスティックスが働き、集団決定の方が個人決定よりも、公正さを高く認知する可能性がある。報酬分配に関する先行研究のうち、集団決定と個人決定との比較を行っている例外的な研究として、古川（1983）とグリーンバーグ（Greenberg, 1979）があげられる[4)]。古川（1983）とグリーンバーグ（1979）は、集団決定が個人決定よりも報酬分配に対する自信度が高いと報告している。分配の自信度は分配の公正さと正の関係があると考えられるので、集団決定が個人決定よりも分配の公正認知が高いと予想される。

研究2の実験計画は、研究1の実験で取り上げた投入条件と交換関係に、決定方法を加えた実験計画にした。研究2の実験計画において投入条件を設定した理由は、原田（1995b）による業績以外の被分配者の要因と他の要因との交互作用に注目すべきという示唆をふまえたためである。すなわち、研究2では、決定方法と投入条件との交互作用について検討する必要がある。また、交換関係を設定した理由は、報酬分配の公正認知において主効果が有意傾向であったので、この要因の効果について再検討するためである。

以上より研究2では次の5つの仮説を設定した。①集団決定の方が個人決定よりも、報酬分配の公正認知が高いであろう（仮説1)。②被分配者に能力差のない条件の方が能力差のある条件よりも、報酬分配の公正認知が高いであろう（仮説2)。③集団決定の方が個人決定よりも、報酬分配の公正認知における被分配者の能力差の影響が小さくなるであろう（仮説3)。④継続事態の方が終了事態よりも、報酬分配の公正認知が高いであろう（仮説4)。⑤集団決定の方が個人決定よりも、報酬分配の公正認知における継続事態と終了事態との相違が小さくなるであろう（仮説5)。

2．方法

実験の概要

同性からなる3～4名の集団単位で実験を行ったことを除けば、研究1と同様であった。

実験計画

2（決定方法）×5（投入条件）×2（交換関係）からなる混合計画を用いた。決定方法は、集団決定条件と個人決定条件からなり、被験者間変数に配置された。投入条件は、研究1と同様で、能力起因条件、努力起因条件、相補関係条件、異業績条件、等業績条件の5条件からなり、被験者内変数に配置された。交換関係は、研究1と同様で、終了事態と継続事態の2条件からなり、被験者間変数に配置された。

被験者

大学生男女133名であった。各条件に被験者を無作為に配置することを原則としたが、各条件における男女比ができるだけ等しくなるよう配慮した。集団決定条件では、同性の被験者3～4名の集団で1つの小冊子に回答させ、個人決定条件では1人ずつ小冊子に回答させたので、データ数は個人決定継続事態が17、他の条件が16であった。データの男女の内訳は、集団決定終了事態が男子5、女子11、集団決定継続事態が男子6、女子10、個人決定終了事態が男子5、女子11、個人決定継続事態が男子5、女子12であった。

独立変数の操作

集団決定条件では、3～4名の集団で1つの小冊子に回答させた。実験に先立って、回答はよく話し合って決めることと、回答の結果は全員による話し合いの結果として処理すること、といった内容を被験者に教示した。

個人決定条件では、1人ずつ小冊子を配布し、被験者の間には衝立を設置した。実験開始に先立って、一切のコミュニケーションを禁止することと、小冊子の内容や回答を声に出さないこと、といった内容を被験者に教示した。

投入条件や交換関係についての操作は、研究1と同様であった。すなわち、投入条件は、分配者に提示する被分配者の業績、能力、努力に関して、業績が能力と努力との積に等しい、という関係を保つよう配慮し、量的に操作した。さらに、分配者に業績のみを提示する条件を加えた。具体的な操作は、表1にまとめた。

交換関係は、分配者が報酬を分配する際に、分配後も被分配者の作業が行われることを考慮するよう教示する（継続事態）か、被分配者の作業が全て終了したことを教示する（終了事態）か、により操作した。

従属変数

研究1と同様の従属変数を用いた。すなわち、①報酬の分配について、被分配者2名に対して報酬24,000円を分配させた。②業績、能力、努力の重視度について、業績、能力、努力の3つの情報を提示した能力起因条件、努力起因条件、相補関係条件において、報酬分配額の決定におけるそれぞれの重視度を、

4段階で評定させた。③報酬分配に対する全般的な公正さの認知[5]について、分配者による自ら行った報酬分配に対する全般的な公正さの認知を、7段階で評定させた。

3．結果

報酬分配の公正認知

報酬分配の公正認知について、終了事態での結果を図3－1に、継続事態での結果を図3－2に示す。被分配者の業績、能力、努力が提示される、能力起因条件、努力起因条件、相補関係条件を分析対象とし、2（決定方法）×3（投入条件）×2（交換関係）の分散分析を行った。投入条件に関して上記の3条件を分析対象とし、異業績条件と等業績条件を分析から除外した理由は、研究1で、分配者による報酬分配の公正認知には、被分配者の能力差が影響していることが示唆されているが、異業績条件と等業績条件では能力が分配者に提示されていないからである。分散分析の結果、決定方式の主効果が有意であり（$F_{(1,61)} = 11.05, p < .005$）、集団決定（$M = 1.91$）の方が個人決定（$M = 1.10$）よりも公正認知が高かった。また、投入条件の主効果が有意であった（$F_{(2,122)} = 39.90,\ p < .001$）。有意水準を5％に設定したライアン法による多重比較の結果、努力起因条件（$M = 2.25$）、能力起因条件（$M = 1.30$）、相補関係条件（$M = 0.96$）の順で公正認知が低くなった（努力起因vs.相補関係では

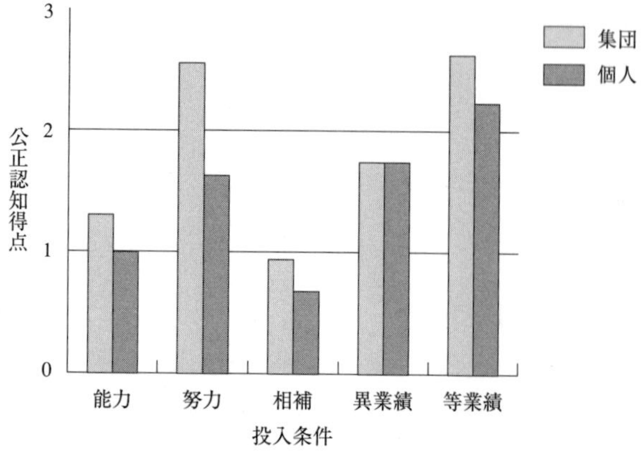

図３－１　終了事態における報酬分配の公正認知

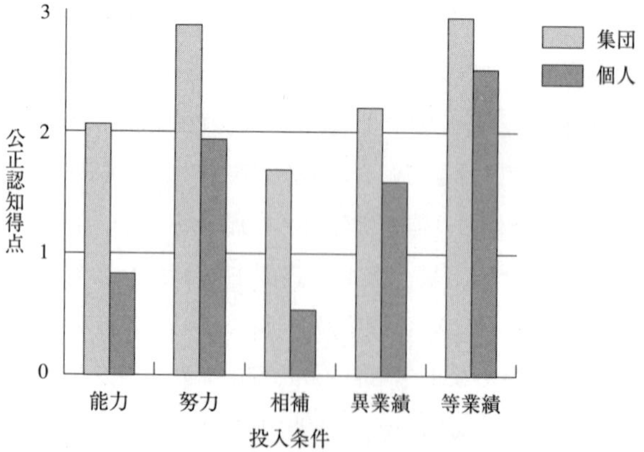

図３－２　継続事態における報酬分配の公正認知

$t_{(122)} = 8.62$、努力起因vs.能力起因では$t_{(122)} = 6.35$、能力起因vs.相補関係では$t_{(122)} = 2.27$)。しかし、決定方式×投入条件の交互作用は有意でなかった（$F_{(2,122)} = 0.31$, ns)。また、交換関係が関わる効果は、いずれも有意でなかった（主効果は$F_{(1,61)} = 1.52, ns$、決定方式×交換関係の交互作用は$F_{(1,61)} = 1.62$, ns、投入条件×交換関係の交互作用は$F_{(2,122)} = 1.59$, ns、決定方式×投入条件×交換関係の交互作用は$F_{(2,122)} = 1.58, ns$)。

次に、被分配者の業績に注目し、業績に差のある能力起因条件、努力起因条件、異業績条件の3条件を分析対象とした2（決定方式）× 3（投入条件）× 2（交換関係）の分散分析を行った。その結果、決定方式の主効果が有意であり（$F_{(1,61)} = 11.28$, $p < .005$)、集団決定（$M = 2.13$）の方が個人決定（$M = 1.46$）よりも公正認知が高かった。また、投入条件の主効果が有意であった（$F_{(2,122)} = 18.46$, $p < .001$)。有意水準を5％に設定したライアン法による多重比較の結果、努力起因条件（$M = 2.25$)、異業績条件（$M = 1.82$)、能力起因条件（$M = 1.30$）の順で公正認知が低くなった（努力起因vs.能力起因では$t_{(122)} = 6.07$、努力起因vs.異業績では$t_{(122)} = 2.76$、異業績vs.能力起因では$t_{(122)} = 3.31$)。さらに、被分配者の業績が等しい、等業績条件と相補関係条件とを対象に、2（決定方式）× 2（投入条件）× 2（交換関係）の分散分析を行った。その結果、決定方式の主効果が有意であり（$F_{(1,61)} = 6.27$, $p < .05$)、集団決定（$M = 2.05$）の方が個人決定（$M = 1.50$）よりも公正認知が高かった。また、

投入条件の主効果が有意であり（$F_{(1,61)} = 82.79,\ p < .001$）、等業績条件（$M = 2.59$）の方が相補関係条件（$M = 0.96$）よりも、公正認知が高かった。

結果をまとめると、集団決定の方が個人決定よりも報酬分配の公正認知が高かった。さらに、被分配者間に能力差のない条件の方が能力差のある条件よりも、報酬分配の公正認知が高かった。

報酬の分配

報酬の分配は、原則的に業績に基づく衡平分配が行われることが研究1で示唆されたので、研究2でも業績に基づく衡平分配の選択率に注目した（表4）。その結果、ほとんどの条件で業績に基づく衡平分配が行われることが多かった。

衡平分配の選択率における決定方式の差を検討するために、等業績条件を除いた投入条件と交換関係との組み合わせによる8条件について、フィッシャーの直接確率法による分析を行った[6)]。

表4　衡平分配の選択率（%）

交換関係	決定方式	投入条件				
		能力起因	努力起因	相補関係	異業績	等業績
終了	集団	50.0	93.8	68.8	75.0	100.0
	個人	81.3	93.8	37.5	87.5	100.0
		(0.11)	(1.52)	(0.16)	(0.65)	(1.00)
継続	集団	68.8	100.0	81.3	68.8	100.0
	個人	47.1	88.2	70.6	64.7	100.0
		(0.30)	(0.48)	(0.69)	(1.28)	(1.00)

注）下段（　）内は、フィッシャーの直接確率。

その結果、いずれの条件においても、集団決定と個人決定との間に有意な差は認められなかった。次に、投入条件間での衡平分配の選択率を、決定方式と交換関係の組み合わせによる4条件別に検討した。被分配者の業績、能力、努力の3つの情報を分配者にすべて提示する能力起因条件、努力起因条件、相補関係条件を分析対象にしてコクランのQ検定を行った結果、集団決定条件では、終了事態で有意（$\chi^2(2) = 8.22, p < .01$）、継続事態で有意傾向であった（$\chi^2(2) = 5.43, p < .10$）。また、個人決定条件では終了事態で有意であった（$\chi^2(2) = 13.40, p < .01$）。個人決定条件における終了事態での結果について、マクニマーの検定による有意水準を5%に設定したライアン法による多重比較の結果、努力起因条件の方が相補関係条件よりも、衡平分配の選択率が高かった（$p < .01$）。被分配者の業績が異なる、異業績条件、能力起因条件、努力起因条件の3条件を分析対象にして、コクランのQ検定を行った結果、集団決定条件では、終了事態で有意であり（$\chi^2(2) = 10.57, p < .01$）、継続事態でも有意であった（$\chi^2(2) = 7.14, p < .05$）。個人決定条件では継続事態で有意であった（$\chi^2(2) = 8.22, p < .05$）。マクニマーの検定による有意水準を5%に設定したライアン法による多重比較の結果、集団決定条件での終了事態において、努力起因条件の方が能力起因条件よりも衡平分配の選択率が低かった（$p < .05$）。被分配者の業績が等しい、等業績条件と相補関係条件の2条件を分析対象にして、マクニマーの検定を行った結果、集団決定条件で

の終了事態で有意傾向（$p < .10$）、個人決定条件では終了事態で有意（$p < .05$）、継続事態で有意傾向であった（$p < .10$）。

結果をまとめると、条件によって衡平分配の選択率は変動するが、基本的に業績に基づく衡平分配が行われた、といえる。

業績、能力、努力の重視度

業績、能力、努力の評定を行った能力起因条件、努力起因条件、相補関係条件の3条件における、報酬分配での業績、能力、努力の重視度を表5に示す。2（決定方式）× 3（投入条件）× 2（交換関係）× 3（投入情報）の分散分析を行った。その結果、決定方式の主効果は有意でなかった（$F_{(1,61)} = 0.55, ns$）。しかし、投入条件の主効果（$F_{(2,122)} = 6.26, p < .005$）と投入情報の主効果（$F_{(2,122)} = 56.29, p < .001$）が有意であった。また、決定方

表5　業績、能力、努力の重視度

交換	決定	投入条件								
		能力起因条件			努力起因条件			相補関係条件		
		業績	能力	努力	業績	能力	努力	業績	能力	努力
終了	集団	2.44	1.88	0.94	2.69	1.63	1.81	2.50	1.25	1.38
		(1.06)	(1.17)	(1.20)	(0.77)	(1.32)	(1.13)	(0.79)	(1.20)	(1.32)
	個人	2.69	1.06	1.50	2.81	0.63	1.38	2.44	1.00	1.69
		(0.77)	(1.09)	(1.17)	(0.53)	(0.86)	(1.17)	(1.00)	(1.00)	(1.16)
継続	集団	2.56	1.38	0.81	2.81	0.75	1.69	2.63	0.50	0.63
		(0.86)	(1.32)	(1.18)	(0.53)	(1.20)	(1.31)	(0.70)	(0.94)	(1.05)
	個人	2.47	1.59	1.41	2.71	1.41	2.00	2.41	1.18	1.41
		(0.98)	(1.14)	(1.09)	(0.82)	(1.03)	(1.03)	(1.03)	(0.98)	(1.14)

注）上段は平均、下段は標準偏差である。

式×交換関係の交互作用（$F_{(1,61)} = 4.06$, $p < .05$）、決定方式×交換関係×投入情報の交互作用（$F_{(2,122)} = 3.17$, $p < .05$）、投入条件×投入情報の交互作用（$F_{(4,244)} = 4.37$, $p < .005$）が有意であった。投入情報の主効果について有意水準を5％に設定したライアン法による多重比較を行った結果、業績（$M = 2.60$）が能力（$M = 1.19$）や努力（$M = 1.39$）よりも重視されていた（業績vs.能力では$t_{(122)} = 9.81$、業績vs.努力では$t_{(122)} = 8.42$）。また、投入条件×投入情報の交互作用における下位検定の結果、情報の単純主効果が全ての条件で有意であった（能力起因条件では$F_{(2,336)} = 27.26$, $p < .001$、努力起因条件では$F_{(2,336)} = 36.55$, $p < .001$、相補関係条件では$F_{(2,336)} = 33.73$, $p < .001$）。有意水準を5％に設定したライアン法による多重比較を行った結果、業績は常に能力や努力よりも有意に重視されていた。さらに、能力と努力の重視度は、努力起因条件において、努力は能力よりも有意に重視されていた（$t_{(336)} = 3.16$）。

決定方式×交換関係×投入情報の交互作用に関する下位検定の結果（表6）、能力に関して決定方式×交換関係の単純交互作用が有意であった（$F_{(1,183)} = 8.92$, $p < .005$）。能力の重視度に関する決定方式の単純・単純主効果の結果をみると、終了事態では集団決定（$M = 1.59$）の方が個人決定（$M = 0.90$）よりも能力を重視しており（$F_{(1,183)} = 5.81$, $p < .05$）、継続事態では逆に個人決定（$M = 1.39$）の方が集団決定（$M = 0.88$）よりも能力を重視する傾向を示した（$F_{(1,183)} = 3.29$, $p < .10$）。

表6　業績、能力、努力の重視度における交換関係×決定方法×投入情報の交互作用

交換関係	決定方法	投入情報		
		業　績	能　力	努　力
終　了	集　団	2.54	1.59	1.38
	個　人	2.65	0.90	1.52
継　続	集　団	2.67	0.88	1.04
	個　人	2.53	1.39	1.61

結果をまとめると、業績、能力、努力の重視度に及ぼす決定方式の影響は、ほとんどみられなかった。一方、業績は、能力や努力よりも重視されており、能力は業績や努力よりも重視されていなかった。努力は、業績が重視されるという影響を受けており、被分配者間で努力の差と業績の差が同じである場合に、業績とともに重視された。

4．考察

研究2の結果を要約すると、決定方式は、分配者による報酬分配の公正認知には影響を及ぼすが、分配結果（分配された報酬量）や、業績、能力、努力の重視度には影響を及ぼさなかった、という結果であった。報酬分配の公正認知は、集団決定の方が個人決定よりも高かったので、仮説1は支持された。したがって、決定方式が、報酬分配の公正認知に影響を及ぼしていることが示された。

集団決定の方が個人決定よりも報酬分配の公正認知が高くなった解釈としては、3つの解釈が考えられる。第1の解釈は、集団決定が個人決定よりも望ましい結果をもたらすというヒューリスティックス（亀田, 1997）が影響を及ぼしたため、という解釈である。第2の解釈は、集団決定では報酬分配の結果に対する責任の分散が生じるためという解釈が考えられる。一般に報酬分配は公正であるべきという規範が存在すると仮定すると、報酬分配の公正認知が高くない状況下での分配者は、規範を充分に遵守していないことに対する責任を感じると考えられる。集団決定では個人決定と比べて、この責任が分散し分配の公正認知に関して緩やかな判断がなされる、と考えられる。第3の解釈は、報酬分配の決定にかかるコストの影響である。集団決定には、話し合いをして1つの結論を導くという過程があるので、個人決定に比べ報酬分配の決定にかかるコストが高くなると考えられる。分配者はこのコストと報酬分配の公正認知との間で認知的一貫性を保とうとするために、公正認知が高くなったと考えられる。ただし、これらの解釈の妥当性については、研究2では言及できず実験の改良が必要である。

また、報酬分配の公正認知は、被分配者間に能力差のない条件の方が能力差のある条件よりも、高かった。つまり、研究1と同じ結果が得られ、仮説2は支持された。

しかし、集団決定の方が個人決定よりも、報酬分配の公正認知における被分配者の能力差の影響が小さくなるであろう、という決定方式と被分配者の要因との交互作用に言及した仮説3は支持されなかった。仮説3が支持されなかった理由として、被分配者間に能力差があるために生じる報酬分配の公正認知の低下が、個人決定条件だけでなく集団決定条件においても強く生じたためと考えられる。すなわち、被分配者の要因による報酬分配の公正認知の低下は、決定方式では緩和されないことを示すので、被分配者の要因の影響を受ける公正認知と決定方式の影響を受ける公正認知が、質的に異なることが示唆される。公正さは手続き的公正と分配的公正の2種類に分けられることから（リンド・タイラー, 1995）、決定方式は、報酬分配の決定手続きに関わる要因なので、手続き的公正における公正認知に影響を及ぼしている可能性があり、被分配者の要因は、報酬分配の結果にあたる分配的公正における公正認知に影響を及ぼしている可能性がある。

報酬分配の公正認知に及ぼす交換関係の影響に関する仮説であった仮説4と仮説5は、交換関係の効果がみられなかったので、支持されなかった。研究1では、交換関係の主効果が有意傾向であったことを考慮すると、交換関係の要因は、被分配者の要因や決定方法と比べると、報酬分配の公正認知への影響力が弱い可能性がある。

第3節　分配者の金銭報酬に対する公正認知の程度と分配者の言語メッセージの使用との関係（研究3）

1．問題

研究3では、報酬が2種類ある報酬分配場面を設定し、これらと分配の公正認知との関係について検討する。報酬は、物理的報酬と心理的報酬に大別できることから（ウォルスター他, 1976）、物理的報酬に対応する金銭と心理的報酬に対応する言語メッセージに注目し、分配者による、金銭の分配に対する公正認知と言語メッセージの使用との関係を検討する。

報酬分配では、一般的に、「公正であるべき」という社会的規範が働いていると考えられる。したがって、分配者は公正な報酬分配へと動機づけられており、分配者の公正動機が充足されていれば、分配者は自ら行った報酬分配を公正だと認知していると考えられる。しかし、分配者は、公正な分配へと動機づけられていても、自ら行った報酬分配を常に公正と認知しているとは言いがたい。例えば、研究1と研究2で示されたように、分配者による報酬分配の公正認知は、被分配者に能力差がある場合は能力差がない場合と比べて低くなる。このような場合、被分配者間に能力差がある条件の方が能力差がない条件よりも、分配者の公正動機の充足度は低い、と考えられる。

分配者に公正動機が働いている場合、公正動機の充足度が低い条件では充足度の高い条件よりも、分配者の公正さを高めようとする行為が観察されやすいと推測できよう。このような公正さの補償行動として、被分配者に対し報酬となるものを別に付与するという行動が考えられる（アダムズ, 1965; ウォルスター他, 1976）。

被分配者に対し何らかの報酬を別に付与するという手段をとる場合、いつどのような報酬を付与するのか、という点が問題となる。これらの点に注目すれば、この手段が適用可能な報酬分配場面は、2種類考えられる。1つには、作業に対して報酬を分配するという場面を2回以上設定する場合である。例えば、被験者に、第1回目の作業に対する金銭報酬の分配を行った後、第2回目の作業を行わせ、それに対して再び金銭報酬の分配を行う、という場合である（例えば、ラスバルト・インスコ・リン・スミス Rusbult, Insko, Lin, & Smith, 1990）。すなわち、この場面は、第1回目の報酬分配に関する公正認知の程度が、第2回目における報酬分配行動や分配の公正認知に及ぼす影響を検討することになる。またこの場合、分配者が分配する報酬は1種類あれば成立する。

2つには、作業に対して報酬を分配するのは1回だけだが、分配される報酬を2種類以上設定する、という場合である。例えば、被分配者に対して金銭報酬を分配するだけでなく、他の報酬、例えば心理的報酬の意味を持つ言語メッセージを付与する場合である。この場合、一方の報酬の分配に関する公正認知が他方の報酬の分配や分配の公正認知に及ぼす影響を検討することになる。

研究3では、被分配者2名に対して彼らの作業に対する金銭報酬を分配する場面を設定し、金銭報酬による分配者の公正動機の充足度が被分配者への心理的報酬と考えられる言語メッセージに及ぼす影響を検討する。研究3では、分配者自身による報酬分配の公正認知の程度に影響を及ぼす要因として、研究1と研究2で共通して用いた、被分配者の業績、能力、努力と、交換関係を取り上げる。研究1と研究2は、被分配者の業績、能力、努力と金銭報酬の分配に対する公正認知との間には、被分配者間に能力差のある条件の方が能力差のない条件に比べて、公正認知が低くなることを示した。したがって、研究3においても同様の結果になることが予想される。交換関係と金銭報酬の分配に対する公正認知との関係は、研究1では継続事態の方が終了事態よりも公正認知が高くなる傾向を示したが、研究2では有意な関係はみられなかった。そのため、研究3では交換関係の影響について再検討する。

以上より、研究3では、次の4つの仮説を設定した。①被分配者間に能力差のない条件の方が能力差のある条件よりも、報酬分配の公正認知は高いであろう（仮説1）。②継続事態の方が終了事態よりも、報酬分配の公正認知は高いであろう（仮説2）。③被分配者にとって心理的報酬となるような内容の言語メッセージが、被分配者に能力差がある条件の方が能力差がない条件よりも、多く観察されるであろう（仮説3）。④被分配者にとって心理的報酬となるような内容の言語メッセージが、終了事態の方が継続事態よりも、多く観察されるであろう（仮説4）。

2．方法

実験の概要

実験は、研究1と同様に小冊子を用いて集合調査法および留め置き法により実施した。小冊子は、1ページに、金銭報酬の分配とそれに対する公正さの認知に関する測定部分を配置し、2ページに、言語メッセージの測定部分を配置した。金銭報酬の分配場面と測定内容は、研究1、研究2と同様である。言語メッセージに関する部分は、分配する報酬量の決定後に、金銭報酬を被分配者に個別に渡す際に言語メッセージを付与するという場面を設定し、言語メッセージを自由記述させた。

実験計画

3（投入条件）×2（交換関係）からなる被験者間計画を用いた。投入条件は、研究1、研究2と同様の、能力起因条件、努力起因条件、相補関係条件の3条件であった。異業績条件と等業績条件は、被分配者の業績だけを分配者に提示する条件だが、研究1と研究2で分配者による報酬分配の公正認知には被分配者の能力差の有無が影響を及ぼすことが示唆されているので、研究3

の実験計画ではこれら2条件を削除した。交換関係は、研究1、研究2と同様で、終了事態と継続事態の2条件であった。

被験者

大学生男女205名であった。各条件に被験者を無作為に配置することを原則としたが、各条件における男女比ができるだけ等しくなるよう配慮した。また、分析対象とするデータから、回答に不備があるデータおよび回答の一貫性に欠けるものを除外した[7)]。その結果、分析対象となったデータ数は122であった。各条件におけるデータ数と男女の内訳は、終了事態における能力起因条件では22（男子8、女子14)、努力起因条件では19（男子7、女子12)、相補関係条件では21（男子9、女子12)、継続事態における能力起因条件では23（男子9、女子14)、努力起因条件では19（男子8、女子11)、相補関係条件では18（男子7、女子11）であった。

従属変数

①金銭報酬の分配　研究1、研究2と同様であった。すなわち、被分配者2名に対して報酬24,000円を分配させた。

②金銭報酬の分配に対する全般的公正感　研究2と同様であった。すなわち、報酬分配に対する全般的な公正さの認知について、分配者による自ら行った報酬分配に対する全般的な公正さの認知を、7段階で評定させた。

③言語メッセージの自由記述　質問文は、「Aさん（Bさん）には、報酬を渡す際にどのような言葉を添えますか。」であった。被分配者2名に対し先ほど決めた金銭報酬を個別に渡す際に、どのような言葉を添えるかを被分配者ごとに自由記述させた。

④言語メッセージによる報酬分配の公正さの向上　質問文は、「言葉を添えることで、あなたの行った報酬の分配は、全般的にみて、どの程度公正になったと思いますか。」であった。言語メッセージにより報酬分配の公正さに関してどの程度公正になったかを評定させた。なお、被分配者2名のどちらにも言語メッセージを使用しなかった場合には、回答しないように指示した。使用した選択肢は、ア）公正さは変わらない、イ）すこし公正になった、ウ）かなり公正になった、エ）公正になった、であり、1点～4点に得点化した。

3．結果

金銭報酬の分配に対する公正認知

各条件における、分配者による金銭報酬の分配に対する公正さの認知の結果を表7および図4に示す。なお、素点で－3から－1と回答した度数は少数であり、この後公正認知と言語メッセージの使用に関して数量化Ⅱ類を用いて分析することを考慮し、－3から－1を1つのカテゴリーにまとめた。すなわち、素点－3から－1までがカテゴリー1、素点0から3がそれぞれ

表7　金銭報酬の分配に対する公正さの認知

	投入条件						計
	能力起因		努力起因		相補関係		
	交換関係		交換関係		交換関係		
	終了	継続	終了	継続	終了	継続	
平　均	0.59	1.22	2.16	2.11	1.05	0.72	—
SD	(1.34)	(1.25)	(1.27)	(1.07)	(1.29)	(1.79)	—
カテゴリー1	7	1	1	1	3	5	18
カテゴリー2	3	5	2	0	5	3	18
カテゴリー3	6	9	2	4	4	3	28
カテゴリー4	4	3	2	5	6	3	23
カテゴリー5	2	5	12	9	3	4	35

注）各カテゴリーにはデータの個数を示した。
　　カテゴリー1は評定値－3～－1をまとめたものである。

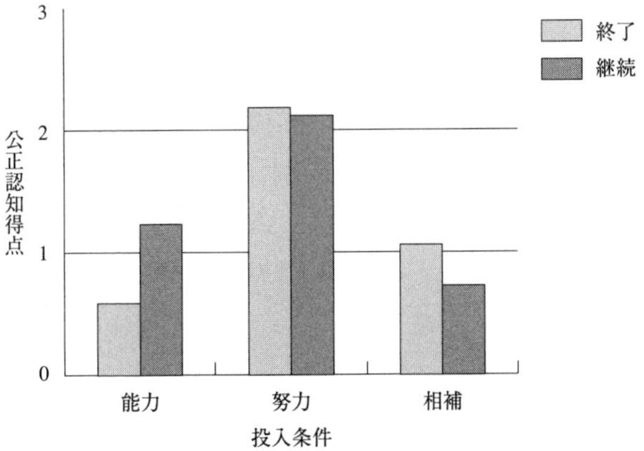

図4　金銭報酬の分配に対する公正認知

カテゴリー2からカテゴリー5となるよう集計し直した5段階評定の度数も表7に示す。

3（投入条件）×2（交換関係）の分散分析を行った結果、投入条件の主効果が有意であった（$F_{(2,116)} = 10.85, p < .001$）。有意水準を5%に設定したライアン法による多重比較の結果、努力起因条件（$M = 2.13$）が、能力起因条件（$M = 0.90$）や相補関係条件（$M = 0.89$）よりも公正さの認知が高かった（努力起因vs.相補関係では$t_{(116)} = 3.97$、努力起因vs.能力起因では$t_{(116)} = 4.04$）。しかし、交換関係の主効果は有意でなかった（$F_{(1,116)} = 0.11, ns$）。

金銭報酬の分配

研究2と同様、業績に基づく衡平分配の選択率に着目し、結果を表8にまとめた。逆正弦変換値に基づく投入条件×交換関係のχ^2分散分析を行った。その結果、投入条件の主効果が有意であった（$\chi^2(2) = 30.64, p < .01$）。有意水準を5%に設定したライアン法による多重比較の結果、能力起因条件（$M = 31.23\%$）が、努力起因条件（$M = 84.21\%$）や相補関係条件（$M =$

表8　衡平分配の選択率（%）

交換関係	投入条件		
	能力起因	努力起因	相補関係
終　了	36.36	84.21	71.43
継　続	26.09	84.21	83.33

77.38％）のよりも衡平分配の選択率が低かった（能力起因vs.努力起因では$\chi^2_{(1)}$ = 26.27、能力起因vs.相補関係では$\chi^2_{(1)}$ = 19.13）。

言語メッセージの分析

言語メッセージの内容に関して、事後的にカテゴリーを設定し、カテゴリーに該当する意味内容がメッセージ内に含まれているかどうかに注目した。カテゴリーは「簡単な（儀礼的な）お礼・ねぎらい等」、「心情への配慮・より深いお礼等」、「分配方法の説明」、「賞賛（ねぎらいの意味を除く）」、「次回の作業の依頼」、「次回の報酬に関する約束」、「被分配者に対する注文」、「その他」であった。カテゴリーの意味や具体的な評定基準は、表9にまとめた。メッセージの評定は、研究仮説を知らない2名の大学生が行った。第1回の評定における一致率は、80.04％であった。この後、不一致の部分に関して、評定者2名の話し合いで再度評定を行った。

分析対象としたカテゴリーは、「簡単な（儀礼的な）お礼・ねぎらい等」、「心情への配慮・より深いお礼等」、「分配方法の説明」、「賞賛（ねぎらいの意味を除く）」、「被分配者に対する注文」である。言語メッセージの分類結果を表10にまとめた。「次回の作業の依頼」、「次回の報酬に関する約束」に関して分析を行わなかったのは、これらのカテゴリーに分類される言語メッセージの付与は、分配者の公正動機による影響よりも、次回

表9　言語メッセージのカテゴリーと分類基準

①簡単な（儀礼的な）お礼・ねぎらい等。
基準：ごく簡単な言葉で表現されたお礼・ねぎらいに関する意味内容。丁寧な表現について考慮する必要はありません。
例：「ありがとう」、「どうもありがとう」、「助かりました」、「どうも助かりました」等のお礼。「ご苦労様」「お疲れ様」「頑張ったね」等のねぎらい

②相手の心情に配慮した表現。より深いお礼等。
基準：被分配者が不満を感じるかもしれないことを考慮した表現。お礼・ねぎらいでも、程度を深める修飾語句（大変、非常になど）を添付し、単純に儀礼的なお礼・ねぎらいと分類することが困難な意味内容。
例：「これだけですいません」「少ないですけど」、「大変助かりました」等のお礼。「よく頑張ってくれました」等のねぎらい

③分配方法の説明
基準：どのような基準・根拠で報酬量を決めたかに関する意味内容。
例：「作業量で決めたから」、「時間で決めたから」等

④賞賛（ねぎらいの意味を含まない）
基準：相手を誉める意味で、ねぎらいと混同される恐れのない意味内容。
例：「仕事が速いですね」等

⑤被分配者に対する注文
基準：作業の依頼以外の被分配者に対する要望等の意味内容。
例：「もう少し頑張って欲しい」、「上達して下さい」等

⑥次回の作業の依頼
基準：次回の作業を依頼する意味内容
例：「明日もよろしく頼む」、「またよろしく」等

⑦次回の報酬に関する約束
基準：次回の作業においていくら渡すかといった報酬額に関わる意味内容
例：「今度は報酬を多くするから」等

⑧その他
基準：上記のカテゴリーに該当しない意味内容。
例：「はい報酬」、「今回はこれくらいで」等

表10　言語メッセージを付与した割合（%）

	投入条件					
	能力起因		努力起因		相補関係	
	交換関係		交換関係		交換関係	
	終了	継続	終了	継続	終了	継続
メッセージの付与	90.91	91.30	94.74	94.74	100.0	88.89
心情への配慮・より深いお礼等	36.36	39.13	21.05	21.05	40.48	33.33
簡単な（儀礼的な）お礼・ねぎらい等	38.64	34.78	78.95	57.90	50.00	47.22
分配方法の説明	36.36	23.91	15.79	21.05	28.57	13.89
賞賛（ねぎらいの意味を除く）	2.27	0.00	2.63	0.00	9.52	13.89
被分配者に対する注文	27.27	15.22	10.53	13.16	23.81	11.11

の作業の予期に大きく影響されると考えられるためである。

言語メッセージの使用

言語メッセージの全体的傾向を検討するために、言語メッセージを付与した人数の割合について、逆正弦変換値を用いた投入条件×交換関係のχ^2分散分析を行った結果、有意な効果はみられなかった。言語的メッセージを付与した人数を基準変数とし金銭報酬の分配に対する公正さの認知、投入条件、交換関係を説明変数とした数量化Ⅱ類による分析を行った。その結果、正準相関係数は有意でなかった（$\eta = 0.25, F_{(7,112)} = 1.04, ns$）。つまり、言語メッセージの付与について、各条件で差はみられなかった。

被分配者にとって心理的報酬になると考えられる「心情への配慮・より深いお礼」の付与率について、逆正弦変換値を用いた3（投入条件）×2（交換関係）のχ^2分散分析を行った結果、投入条件の主効果が有意であった（$\chi^2_{(2)} = 7.01$, $p < .05$。図5）。有意水準を5％に設定したライアン法による多重比較の結果、能力起因条件（$M = 37.75\%$）と相補関係条件（$M = 36.90\%$）が、努力起因条件（$M = 21.05\%$）よりも付与率が高かった（能力起因vs.努力起因では$\chi^2_{(1)} = 5.52$、相補関係vs.努力起因では$\chi^2_{(1)} = 4.99$）。また、「心情への配慮・より深いお礼」の付与を基準変数とし金銭報酬の分配に対する公正さの認知、投入条件、交換関係を説明変数とした数量化Ⅱ類による分析を行った（表11）。その結果、正準相関係数は有意であった（$\eta = 0.38$, $F_{(7,112)} = 2.68$, $p < .05$）。「心情への配慮・より深いお礼」の付与に関して公正認知の影響が示唆され、公正認知が最も高いカテ

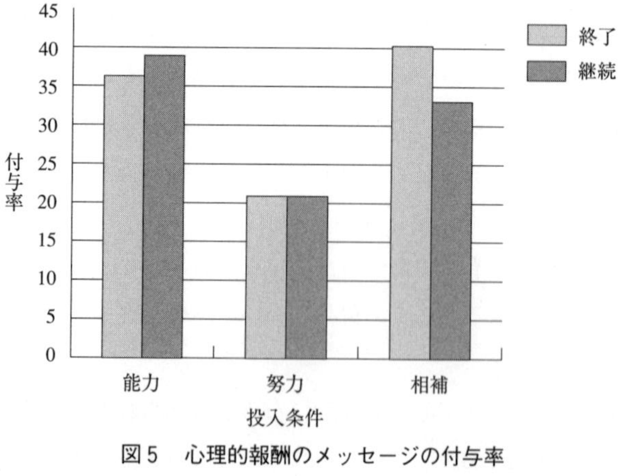

図5　心理的報酬のメッセージの付与率

表11　数量化Ⅱ類の分析結果

	言語メッセージ								
	心情への配慮等			簡単なお礼等			賞　賛		
	ウェイト	レンジ	偏相関	ウェイト	レンジ	偏相関	ウェイト	レンジ	偏相関
公正認知		2.23	0.33		1.42	0.16		1.21	0.15
カテゴリー1	-0.46			-0.01			-0.65		
カテゴリー2	1.02			-1.00			-0.11		
カテゴリー3	0.69			0.43			-0.06		
カテゴリー4	0.56			0.30			-0.18		
カテゴリー5	-1.21			-0.02			0.56		
投入条件		0.72	0.12		2.02	0.29		2.29	0.36
能力起因	-0.14			-1.02			-0.56		
努力起因	-0.29			1.00			-0.84		
相補関係	0.44			0.20			1.45		
交換関係		0.35	0.07		0.51			0.10	0.02
終了	0.17			0.25		0.09	0.05		
継続	-0.18			-0.26			-0.05		
正準相関係数	0.38			0.33			0.36		

注）正準相関係数が有意もしくは有意傾向であったカテゴリーを記載した。

ゴリー5では付与する傾向が低く、公正認知が相対的に低いカテゴリー2とカテゴリー3では付与する傾向が高かった。

「簡単なお礼」の付与率について逆正弦変換値を用いた3（投入条件）×2（交換関係）のχ^2分散分析を行った結果、投入条件の主効果が有意であった（$\chi^2(2) = 17.84$, $p < .01$）。有意水準を5％に設定したライアン法による多重比較の結果、能力起因条件（$M = 36.71$％）や相補関係条件（$M = 48.61$％）の方が努力起因条件（$M = 68.42$％）よりも付与率が低かった（能力起因vs. 努力起因では$\chi^2(2) = 17.43$、相補関係vs.努力起因ではχ^2

$_{(1)} = 6.98$)。また、「簡単なお礼」の付与を基準変数とし金銭報酬の分配に対する公正さの認知、投入条件、交換関係を説明変数とした数量化Ⅱ類による分析を行った（表11)。その結果、正準相関係数は有意傾向であった（$\eta = 0.33, F_{(7,112)} = 1.99, p < .10$)。「簡単なお礼」の付与に関して投入条件の影響が示唆された。能力起因条件では「簡単なお礼」を付与する傾向は低かったが、努力起因条件では付与する傾向が高かった。

「分配方法の説明」の付与率について逆正弦変換値を用いた3（投入条件）×2（交換関係）のχ^2分散分析を行った結果、有意な効果はみられなかった。また、「分配方法の説明」の付与を基準変数とし金銭報酬の分配に対する公正さの認知、投入条件、交換関係を説明変数とした数量化Ⅱ類による分析を行った結果、正準相関係数は有意でなかった（$\eta = 0.24, F_{(7,112)} = 0.93, ns$)。「賞賛」の付与率について逆正弦変換値を用いた3（投入条件）×2（交換関係）のχ^2分散分析を行った結果、投入条件の主効果が有意であった（$\chi^2_{(2)} = 11.45,\ p < .01$)。有意水準を5％に設定したライアン法による多重比較の結果、能力起因条件（$M = 1.14$％）や努力起因条件（$M = 1.32$％）の方が相補関係条件（$M = 11.71$％）よりも付与率が低かった（能力起因vs.相補関係では$\chi^2_{(2)} = 8.93$、努力起因vs.相補関係$\chi^2_{(1)} = 8.23$)。また、「賞賛」の付与を基準変数とし金銭報酬の分配に対する公正さの認知、投入条件、交換関係を説明変数とした数量化Ⅱ類による分析を行った（表11)。その結果、正準相関係数は有意であっ

た（$\eta = 0.36, F_{(7,112)} = 2.42, p < .05$）。「賞賛」の付与に関して投入条件の影響が示唆された。能力起因条件や努力起因条件で付与する傾向が低かったが、相補関係条件で付与する傾向が高かった。

「被分配者に対する注文」の付与率について逆正弦変換値を用いた3（投入条件）×2（交換関係）のχ^2分散分析を行った結果、交換条件の主効果が有意であった（$\chi^2_{(2)} = 35.65, p < .01$）。継続事態（$M = 13.16\%$）の方が終了事態（$M = 20.54\%$）よりも付与率が低かった。「被分配者に対する注文」の付与を基準変数とし金銭報酬の分配に対する公正さの認知、投入条件、交換関係を説明変数とした数量化Ⅱ類による分析を行った。その結果、正準相関係数は有意でなかった（$\eta = 0.27, F_{(7,112)} = 1.25, ns$）。

表12　投入条件・被分配者別の言語的メッセージの付与率（%）

	投入条件					
	能力起因		努力起因		相補関係	
	被分配者		被分配者		被分配者	
	A	B	A	B	A	B
簡単な（儀礼的な）お礼・ねぎらい等	35.67	37.75	68.42	68.42	46.03	51.19
心情への配慮・より深いお礼等	39.92	35.57	26.32	15.79	27.38	46.43
分配方法の説明	35.77	24.51	15.79	21.05	22.62	19.84
賞賛（ねぎらいの意味を除く）	2.27	0.00	2.63	0.00	23.41	0.00
被分配者に対する注文	35.77	6.72	15.79	7.89	22.62	12.30

被分配者2名間でのメッセージの差を検討するために、メッセージ数に対してマクマニー検定を投入条件別に行った（表12)。その結果、相補関係条件における「賞賛」の付与率は、高能力低努力者（M = 23.41％）の方が低能力高努力者（M = 0.00％）よりも低かった（z = 2.67, p＜.05)。その他の条件では、有意な効果はみられなかった。

言語メッセージ使用による公正さの向上

被分配者への言語メッセージを使用したことによる、報酬分配の公正さの向上の程度に関する結果を図6に示す。なお、被分配者2名ともに言語メッセージを付与しないと回答したデータは削除した。3（投入条件）× 2（交換関係）の分散分析を行っ

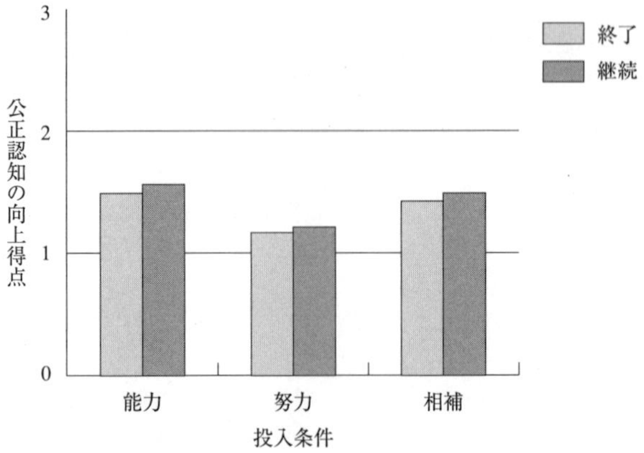

図6　言語メッセージによる公正認知の向上

た結果、投入条件の主効果が有意傾向であった（$F_{(2,116)} = 2.59$, $p < .10$）。能力起因条件（$M = 1.54$）や相補関係条件（$M = 1.46$）の方が努力起因条件（$M = 1.19$）よりも向上の程度が高い傾向がみられるが、便宜的に有意水準を5％に設定したライアン法による多重比較の結果は有意でなかった。

4．考察

研究3でも、努力起因条件の方が能力起因条件と相補関係条件よりも、分配者による報酬分配の公正認知が高かった。したがって、仮説1は支持された。

しかし、交換関係が報酬分配の公正認知に及ぼす影響は見いだされず、仮説2は支持されなかった。これは、交換関係要因の公正認知に及ぼす効果が被分配者の要因よりも脆弱であったためと考えられる。したがって、研究3では、仮説4は検討できず仮説3が検討可能である。

仮説3について、「心情への配慮・より深いお礼」の付与に関して、能力起因条件や相補関係条件の方が努力起因条件よりも付与率が高かった。すなわち、分配者による金銭報酬に対する公正認知が低い条件の方が高い条件よりも、「心情への配慮・より深いお礼」の使用が多かった。また、公正認知が最も高いカテゴリー5では付与する傾向が低く、公正認知が相対的に低いカテゴリー2とカテゴリー3では付与する傾向が高かったが、カテゴリー1とカテゴリー4では、上述の傾向に一致する結果はみられなかった。「心情への配慮・より深いお礼」を心理的報酬に相当する言語メッセージだと解釈すれば、一部に例外的な結果は示されているが、公正認知の低い条件すなわち公正動機の充足度が低い条件の方が高い条件よりも、心理的報酬に相当するメッセージを多く用いたと解釈できよう。したがって、仮説3は支持されたと考えられる。

「簡単なお礼」の付与に関して、投入条件の影響が示唆され、努力起因条件の方が能力起因条件や相補関係条件よりも付与率が高かった。この結果は以下のように解釈できよう。努力起因条件と他の条件との相違点は、努力起因条件では業績比と努力比とが一致している、という点である。また、努力起因条件は、他の条件と比べ、衡平分配の選択率が高く公正認知も高かった。以上の結果から、公正な金銭報酬の分配にとって、業績比と努力比が主要な算出要因だと考えられる。言語メッセージの役割が、金銭報酬に対して補助的に報酬を加えるものだとすれば、2つの主要な算出要因を満たす金銭報酬の分配が可能なので、補助的な報酬とみなしうる言語メッセージの使用は必要ない。しかし、金銭報酬を渡す際に一切メッセージを付与しないよりは、簡単な（儀礼的な）言語メッセージを付与することは、社会生活上一般的であると考えられる。このため、努力起因条件が他の条件と比べ、「簡単なお礼」が多く観察されたものと考えられる。つまり、「簡単なお礼」の結果は、仮説3を支持した「心情への配慮・より深いお礼」の結果と矛盾していないと解釈できる。

「賞賛」では、投入条件の影響がみられ、相補関係条件の方が能力起因条件や努力起因条件よりも付与率が高く、相補関係条件における高能力低努力者に集中して付与されていた。相補関係条件と他の条件との相違点は、相補関係条件では業績比が能力比と努力比のいずれにも一致しない、という点である。しかし、この点が、「賞賛」の付与になぜ結びついたのかは、付与が観察された度数自体が少数だということもあり、明確な解釈は困難である。

ここまでの議論をまとめると、言語メッセージを心理的報酬として利用する点に注目した仮説3が支持されたことから、分配者は、金銭報酬の分配に対する公正認知が低い場合、心理的報酬となる言語メッセージを使用することで、低い公正さの補償を図ろうとする、という研究3の基本的な考え方は支持されたと解釈できる。

言語メッセージの使用による分配者の公正認知の向上に関して、能力起因条件や相補関係条件の方が努力起因条件よりも向上の程度が高い、という傾向がみられた。この結果は、努力起因条件で多く付与された「簡単なお礼」は公正さを高める効果をほとんど持たないが、能力起因条件や相補関係条件で多く付与された「心情への配慮・より深いお礼」は、公正さを高めるのに有効だと仮定すれば、仮説3と矛盾しない結果だと解釈できる。すなわち、努力起因条件では、元々報酬分配の公正認知が高いためこれを補償する必要はない。それに対し、能力起因条件や相補関係条件では、公正認知が相対的に低いためこれを高めるよう動機づけられる。そのため、能力起因条件や相補関係条件の方が努力起因条件よりも、「心情への配慮・より深いお礼」が多く観察され、その結果として公正さの向上の程度が高くなる傾向がある、と解釈できる。

しかし、公正さの向上の程度が有意傾向であったことから、この効果は必ずしも明確でないといえよう。このような結果の解釈として、分配者が、金銭と言語メッセージとが報酬として質的に異なるため、言語メッセージによる公正さの補償は、金銭報酬の分配の公正認知を本質的に向上させるわけではない、と認知しているためと考えられる。もっとも、研究3では、言語メッセージを事後分析しているため、言語メッセージによる公正認知の向上の効果を直接的に検証することはできず、今後の課題として残されている。

また、研究3では、公正動機の充足度を、被分配者の業績、能力、努力の違いと交換関係継続の有無を操作することで変動させた。これは、分配者に働く公正動機の程度を極力一定にした上で分配者の公正動機の充足度を変動させるためであった。しかし、公正動機の充足度を直接操作していないので、この操作が公正動機の充足度以外の要因に影響を及ぼし、その要因によって分配者による言語メッセージの使用が説明される可能性は否定できない。

【注】

1）本研究で設定する報酬分配は、被分配者による作業と分配される報酬との社会的交換とみなされる。そこでこの要因を交換関係と命名した。
2）本研究で設定した被分配者による作業は、原稿の校正作業であったので、分配される報酬量の総額を、原稿1枚あたり100円とした。
3）業績、能力、努力の重視度を個別に回答させたので、分析に際してはこれらを独立変数の1つとし、投入条件と区別するために、投入情報と命名した。
4）集団決定と個人決定とを比較した研究は、他に相川（1981）が存在する。相川（1981）とグリーンバーグ（1979）、古川（1983）との違いは、設定された報酬分配場面にある。相川（1981）では、分配者自身と他の被分配者に報酬を分配する場面である。一方、グリーンバーグ（1979）、古川（1983）は、分配者自身は報酬を受け取らない場面である。研究2の報酬分配場面は、後者である。この報酬分配場面の相違について、カイザー・ラム（1981）やラム・カイザー・シャンツ（Lamm, Kayser, & Schanz, 1983）は、分配者の動機に影響する可能性を示唆している。そのため、相川（1981）の研究を本文中で取り上げなかった。
5）公正認知において研究1では「全く公正でない」としたのを「絶対不公正である」に変更した。
6）等業績条件では、業績に基づく衡平分配以外の回答はなかった。
7）回答に不備のあるデータは、回答方法の指示に従っていないデータおよび指示以外での無回答があるデータである。また、回答の一貫性に欠けると判断した基準は、①金銭報酬の公正さの認知で絶対公正である（＋3）に回答し、言語メッセージによる公正さの向上でもともと公正であった以外を選択しているデータ、②金銭報酬の公正さの認知で絶対公正である（＋3）以外に回答し、言語メッセージによる公正さの向上でもともと公正であったを選択しているデータ、である。

第Ⅲ章

総合考察

第1節　本研究で得られた知見とその意義

1．本研究で得られた知見の特徴

本研究は、従来の報酬分配研究が衡平理論中心だったことによる問題点を指摘し、被分配者の業績、能力、努力を分配者に提示する報酬分配場面を用いて、報酬分配および分配者による報酬分配の公正認知に関する実証的研究を行った。先行研究の問題点は、報酬分配の公正認知を測定していないこと、被分配者の要因や分配される報酬には数量表示可能な1種類の要因を用いていること、公正認知の規定因として分配結果以外の要因を考慮していないことであった。

そこで、本研究は、分配者による報酬分配の公正認知に注目して、以下の3つの研究を行った。研究1では、被分配者の要因が複数存在する報酬分配場面を設定し、被分配者の要因と報酬分配および分配者による報酬分配の公正認知との関係性について検討した。具体的には、原田（1995b）に基づいて、被分配者の要因として業績、能力、努力を、また、報酬分配における文脈的要因として交換関係を取り上げた。研究2では、報酬分配の決定方法と分配者による報酬分配の公正認知との関係性について検討した。具体的には、研究1で設定した要因に決定方式として、集団決定と個人決定との比較を加えた。研究3では、分配される報酬が複数存在する報酬分配場面を設定し、一方の報酬の分配に対する分配者の公正認知の程度が低い場合、他方の報酬の分配によってその公正認知の低さを補おうとする、という関係性がみられるかを検討した。具体的には、研究1や研究2と同じ内容である金銭報酬の分配の後で、さらに分配者が被分配者へ心理的報酬と考えられる言語メッセージを付与できるという報酬分配場面を設定した。

本研究の主要な結果は、次の4点である。研究1、研究2、研究3を通して、①報酬分配では、業績が重視され原則的にそれに応じた報酬量が分配された。また、②報酬分配の公正認知は、被分配者に能力差のない努力起因条件の方が、能力差のある能力起因条件や相補関係条件よりも高かった。報酬分配における決定方式の影響を扱った研究2では、③報酬分配の公正認知は、集団決定が個人決定よりも高かった。複数の報酬を設定した研究3では、④分配者は、報酬分配の公正認知が低い場合、別の報酬が利用可能であれば、それを用いて公正さの向上を試みた。

報酬の分配に対する影響力について、業績の方が能力や努力よりも強い、といえる。この結果は、原田（1995b）の示唆と合致する。業績と能力および努力との相違点は、報酬との結びつきの直接性にあると考えられる（クック・ヤマギシ, 1983）。業績は達成された作業量、能力は一定時間内で達成しうる作業量、努力は作業に従事した時間と定義されるので、業績の方が能力や努力より報酬との結びつきが直接的である。報酬は、作業に対する対価あるいはお礼という意味を含んでいることから、報酬分配では業績の影響力が強いと考えられる。

しかし、分配者による報酬分配の公正認知では、被分配者間での能力差の有無が影響を及ぼしていた。能力と業績および努力との相違は、被分配者による統制可能性の程度にあり、能力は業績や努力に比べ統制可能性が低いと考えられる（ワイナー, 1979）。報酬分配の公正認知が高かった努力起因条件は、統制可能性が低い能力において被分配者間に差のない条件である。報酬の分配が原則的に業績に応じて行われるという結果と考え合わせると、統制可能性の差違が報酬量に反映された場合に、報酬分配の公正認知が高くなると考えられる。すなわち、被分配者の要因からの公正な報酬分配とは、報酬との結びつきが直接的である要因（業績）および被分配者自身による統制可能性の高い要因（努力）に応じた報酬分配が行われることだと考えられる。

集団決定と個人決定では、分配結果において有意な差がみられず、報酬分配の公正認知では、集団決定の方が個人決定よりも高かった。この結果は、報酬分配の公正認知は、分配結果だけでなく、決定までの過程の影響を受けることを示しており、公正さには手続き的公正と分配的公正の2種類があるとする考え（リンド・タイラー, 1995）と合致する結果といえよう。しかし、バーレット－ハワード・タイラー（1986）が指摘した、分配決定における手続き的公正の基準である、一貫性、倫理性、バイアスの抑制、正確性という観点において、研究2で設定した集団決定と個人決定では差違はないと考えられる。つまり、研究2における集団決定は、個人決定と比べて、手続き的公正が高いとはいえない。したがって、報酬分配の公正認知における集団決定と個人決定との差違は、ヒューリスティックスなどによる認知的な歪みを反映しているものと考えられる。

また、分配者は、報酬分配の公正認知が低い場合、別の報酬が利用可能であれば、その報酬の分配を用いて公正さの向上を試みた。この結果は、分配者が公正な報酬分配へと動機づけられていることを示唆しており、報酬分配の公正さを媒介変数として報酬分配行動（金銭的な報酬だけでなく心理的な報酬を含む全体的な報酬分配行動）を検討する意義を示している。

ところで、報酬分配の文脈的要因として設定した交換関係の効果はほとんどみられなかった。これは、操作が不十分だった可能性と、報酬分配やその公正認知においては、被分配者の要因が文脈的要因や状況要因よりも重視されるため、文脈的要因の影響力は、被分配者の要因と比べてもともと弱いという可能性が考えられる。

2．報酬分配研究における本研究の意義
―― 衡平理論との比較 ――

本研究は、報酬分配に関する先行研究が衡平理論中心であったことに由来する問題点を指摘した。そこで、本研究結果と衡平理論中心の先行研究を対比させることで、報酬分配研究における本研究の意義を論じる。

本研究の意義の1つは、報酬分配を検討する上で、公正さを前提とするのではなく、公正さの認知の程度を媒介変数として位置づけることの有用性を示唆したことである。報酬分配と公正さとの関係について、本研究は、公正さが報酬分配における動機として作用しており、分配者は公正な報酬分配を行おうとすることを示した。この点については、衡平理論の主張と相違はない。しかし、衡平理論は、公正と認知される状態を記述する理論であるため、衡平理論を報酬分配の予測に適用するには、報酬分配は公正と認知されていることを前提とする必要があったのに対し、本研究は、分配者は自ら行った報酬分配を常に公正だと認知しているわけではなく、ある条件下では公正認知が低くなる場合があることを示した。さらに、報酬分配の公正認知が低い場合に、別の報酬が利用可能であれば、それを用いて公正さを向上させようとすることも示した。つまり、本研究の

第1の意義は、衡平理論の適用が不適当な報酬分配場面でも、公正認知の程度を媒介変数として報酬分配行動を検討できることを実証したところにある。

もう1つの本研究の意義は、報酬分配の公正認知に影響を及ぼす要因を示唆したことである。衡平理論検証が中心であった先行研究では、報酬分配の公正認知を測定していない、被分配者の要因や分配される報酬には数量表示可能な1種類の要因を用いている（例えば被分配者の要因として業績、報酬として金銭）、公正認知の規定因として分配結果以外の要因を考慮していない、という共通点があった。つまり、先行研究は、報酬分配の公正認知に影響を及ぼす要因について検討してこなかった。しかし、本研究は、報酬分配の公正認知に、被分配者の要因や決定方式が影響を及ぼすことを示した。また、報酬が複数存在する場合では、一方の報酬分配での公正認知が低い場合には、他方の報酬分配で公正認知を向上させようとするが、公正認知の向上の程度には報酬の質的な違いが影響している可能性を示した。すなわち、本研究の第2の意義は、報酬分配の公正認知と、被分配者の要因、決定方法、分配される報酬の種類との関係性について実証したところにある。

第2節　将来の検討課題

本研究は、報酬分配研究において上述したような意義を持つが、不十分な点も多いと考えられる。本節では、本研究の問題点や検討が不十分である点について、将来の検討課題として論じる。

1．本研究で用いた研究方法や報酬分配場面に関わる問題点

先行研究で設定されてきた報酬分配場面は2種類に分類できる。1つは、分配者が報酬分配の前にパートナーとともに作業に従事しており、作業終了後に報酬を分配者自身とパートナーとの間で分配するという報酬分配場面である（例えば、相川, 1981）。もう1つは、本研究のように、分配者自身は作業に従事せず報酬を分配するだけという場面である（他には、古川, 1983）。つまり、前者では分配者は、分配者としての立場と被分配者としての立場の両方を兼ねているが、後者では分配者の立場だけである。したがって、本研究が設定した報酬分配場面は、先行研究が設定してきた報酬分配場面を包括しうる一般性を備えておらず、前者のような報酬分配場面を設定して、報酬分配の公正認知を検討する必要がある。

また、本研究は、小冊子を用いて、被験者に記述された報酬分配場面を読ませて、報酬分配場面を想起させるという、場面

想定法を用いた。この方法は、実際に報酬分配を行わせる方法と比べて、分配者の立場にある被験者に働く動機の統制という点で優れている。実際に被分配者と対面した状態で報酬分配を行わせる場合には、分配者には公正動機だけでなく自己呈示的な動機、例えば弱者（本研究では能力の低い被験者）に対し寛容であるという印象を与えようとするといった動機が働く可能性が指摘されている（カイザー・ラム, 1981; ラム他, 1983)。本研究では、報酬分配における公正認知に関心があったので、公正動機の影響が明確になる場面想定法を用いたが、被験者にとってリアリティが低下している可能性は否定できない。例えば、本研究において交換関係の影響がみられなかった一因はリアリティの低下であるかもしれない。つまり、本研究の結果の一般化には限界があり、被験者にとってリアリティが低下しにくくなる実験手続きの改良が必要であろう。

2．本研究で検討されていない要因

本研究は、分配者による報酬分配の公正認知を問題とした。しかし、認知者の立場が報酬分配の公正認知に影響を及ぼす可能性がある。すなわち、分配者による公正認知と被分配者や観察者による公正認知との比較検討も必要であろう。特に被分配者においては、公正動機だけでなく自己利益の最大化といった動機が働くことが考えられ、この動機が、認知的なバイアスとして報酬分配の公正認知に影響を及ぼす可能性がある。

また、本研究は、被分配者の要因、決定方法、分配される報酬に注目して報酬分配および報酬分配の公正認知との関連を検討した。これらの要因に注目した理由は、報酬分配が、被分配者の要因に基づいて分配する報酬量を決定するという過程から成り立っていることから、これらの要因が報酬分配を構成する最も基本的な要素であると考えたからである。しかし、報酬分配を規定する要因は他にも多数考えられる。古川（1988）は、報酬分配の規定因を、①組織・集団外の環境要因、②組織・集団それ自体の要因、③報酬分配者にかかわる要因、④被分配者にかかわる要因、の4つのカテゴリーに整理している。田中（1996）は、①個人内要因、②対人要因、③状況要因、④社会・文化的要因、の4つのカテゴリーに整理している。しかし、本研究は、これらの要因の影響を組織的・網羅的に検討したわけではない。したがって、これまで指摘されてきた報酬分配の規定因のうち、本研究で取り上げなかった規定因について、報酬分配の公正認知に及ぼす影響を検討していく必要がある。

3．報酬分配研究の今後の展開

報酬分配研究における本研究の意義は、従来の衡平理論検証の枠組みから離れて、①報酬分配を検討する上で、公正さを前提とするのではなく、公正さの認知の程度を媒介変数として位置づけることの有用性を示唆したことと、②報酬分配の公正認知に影響を及ぼす要因を示唆したことである。本研究の意義や田中（1996）の論考に基づいて、今後の報酬分配研究の展開の可能性について論じる。

報酬分配研究における衡平理論

第1章で述べたように、報酬分配研究において衡平理論が中心的な理論であったことから、衡平理論の衰退（田中, 1996）にあわせるように、報酬分配研究は低迷していった。本研究は衡平理論の枠組みから離れた研究であり、報酬分配の公正認知を媒介変数とした報酬分配の検討は、衡平理論の枠組みでは行うことができない。したがって、報酬分配研究における衡平理論の地位は、今後も低下すると考えられる。

しかし、衡平理論が全くの無価値になるとは考えられない。本研究における金銭報酬の分配結果は、業績に基づく衡平分配を原則としていた。つまり、衡平理論の価値は、報酬分配行動を予測する理論よりも、公正な分配の基準を示す理論という点にあると考えられる。

報酬分配における公正認知に関する研究の発展

報酬分配に関する先行研究は、報酬分配は公正であると認知されていることを前提として、報酬分配行動を検討してきた。したがって、先行研究では、報酬分配の公正認知に影響を及ぼす諸要因については検討されていない。しかし本研究は、公正認知の程度を媒介変数として報酬分配行動を検討する意義を示した。また、被分配者の要因や決定方法が報酬分配の公正認知に影響を及ぼすことも示した。つまり、報酬分配研究において、報酬分配の公正認知に影響を及ぼす諸要因の検討は重要な研究課題だといえる。しかし、本研究で扱った要因は、被分配者の要因のうちの業績、能力、努力と、決定方式としての集団決定と個人決定との比較だけである。したがって、本研究で扱った要因以外の、報酬分配の公正認知に影響を及ぼす諸要因について、検討する必要がある。

また、公正さには分配的公正と手続き的公正の2種類があることが指摘されている（リンド・テイラー, 1995）。しかし、衡平理論は分配的公正に関わる理論であり、本研究においても手続き的公正の問題は扱っていない。つまり、報酬分配における手続き的公正の研究はまだ不十分な状態であり、今後の発展が望まれる。

従来の報酬分配の拡張

本研究からは、分配者には公正動機が働いており、報酬分配の公正認知が低い場合には、それを向上させようと動機づけられていることが示唆された。本研究の研究3は、報酬を複数設定し、一方の報酬分配における公正認知の低さを、他方の報酬の分配で補償しようとすることを示した。しかし、一度報酬分配が行われた後に、再度被分配者による作業が行われ、それに対する報酬分配を行うという場合、つまり報酬分配が複数回行われる場合での、分配者による公正認知の向上については検討されていない。また、先行研究で設定された報酬分配は1回だけの場合がほとんどである（例外として、ラスバルト他, 1990）。

また、報酬分配研究では、金銭に代表されるように被分配者にとって『正』の報酬が扱われてきた。これは報酬の字義が作業に対するお礼であることからも適当であったといえる。しかし、行われた作業の結果を分配する、という観点に立てば、分配される報酬は必ずしも被分配者にとって『正』であるとは限らず『負』の報酬（田中, 1992, 1996）も考えられる。例えば、作業の結果として生じた負債の分配といった問題である。しかし、負の報酬を扱った研究は極めて数が少ない（田中, 1996）。

以上の問題は、従来の報酬分配研究の拡張として捉えることができる問題であり、今後、研究が行われることが望まれる。

引用文献

Adams J. S. 1965 Inequity and social exchange. In, L. Berkowitz (Ed.), *Advances in experimental social psychology*, Vol. 2. New York: Academic Press. Pp. 267-299.

相川 充 1981 報酬分配における個人決定と集団決定について 心理学研究, 52, 113-119.

Barrett-Howard, E., & Tyler, T. R. 1986 Procedural justice as a criterion in allocation decisions. *Journal of Personality and Social Psychology*, 50, 296-304.

Cook, K. S., & Yamagishi, T. 1983 Social determinants of equity judgements: The problem of multidimensional input. In M. Messick, & K. S. Cook (Eds.), *Equity theory: Psychological and sociological perspective.* New York: Praeger Publishers. Pp. 95-126.

Deutsch, M. 1975 Equity, equality, and needs: What determines which value will be used as the basis of distributive justice? *Journal of Social Issue*, 31, 137-149.

Dyer, L., Schwab, D. P., & Theriault, R. D. 1976 Managerial perceptions regarding salary increase criteria. *Personnel Psychology*, 29, 233-242.

Elliott, G. C., & Meeker, B. F. 1984 Modifiers of the equity effect: Group outcome and causes for individual performance. *Journal of Personality and Social Psychology*, 46, 586-597.

古川久敬 1981 組織における報酬分配行動 —— 日本的経営の理解に向けて —— 鉄道労働科学, 35, 183-192.

古川久敬 1983 管理行動としての報酬分配 心理学研究, 54, 43-49.

古川久敬 1988 組織デザイン論 —— 社会心理学的アプローチ —— 誠信書房

Greenberg, J. 1979 Group vs. individual equity judgments: Is there a polarization effect? *Journal of Experimental Social Psychology*, 15, 504-512.

Greenberg, J. 1988 Equity and workplace status: A field experiment. *Journal of*

Applied Psychology, 73, 606-613.

Greenberg, J. 1990 Looking fair vs. being fair: Managing impressions of organizational justice. In B. M. Staw, & L. L. Cummings (Eds.), *Research in Organizational behavior*, Vol. 12, Greenwich, Conn.: JAI Press Pp. 111-157.

Greenberg, J., & Ornstein, S. 1983 High status job title as compensation for underpayment: A test of equity theory. *Journal of Applied Psychology*, 68, 285-297.

原田耕太郎 1994 被分配者の業績と能力が報酬分配に及ぼす影響 広島大学教育学部紀要 第一部（心理学），43, 149-153.

原田耕太郎 1995a 報酬分配 小川一夫（監）改訂新版社会心理学用語辞典 北大路書房 Pp.306-307.

原田耕太郎 1995b 報酬分配における投入の影響に関する文献研究 広島大学教育学部紀要 第一部（心理学），44, 75-82.

井上和子 1999 衡平理論に関する研究とその展開 北大路書房

亀田達也 1997 合議の知を求めて —— グループの意思決定 —— 共立出版

Kayser, E., & Lamm, H. 1981 Causal explanation of performance differences and allocations among friends. *Journal of Social Psychology*, 115, 73-81.

Kayser, E., & Lamm, H. 1982 Attribution and distribution: The weight of performance, effort, and ability in the allocation of jointly attained gains and losses. *Social Behavior and Personality*, 10, 105-116.

久木田　純 1984 集団間関係ならびに個人・集団の達成度が集団内・集団間の報酬分配に及ぼす効果 実験社会心理学研究, 23, 125-137.

Lamm, H., & Kayser, E. 1978 The allocation of monetary gain and loss following dyadic performance: The weight given to effort and ability under conditions of low and high intra-dyadic attraction. *European Journal of Social Psychology*, 8, 275-278.

Lamm, H., Kayser, E., & Schanz, V. 1983 An attributional analysis of interpersonal justice: Ability and effort as inputs in the allocation of gain and loss. *Journal of Social Psychology*, 119, 269-281.

Lamm, H., & Schwinger, T. 1980 Norms concerning distributive justice: Are needs taken into consideration in allocation decisions? *Social Psychology Quarterly*, 43, 425-429.

Laudau, S. B., & Leventhal, G. S. 1976 A simulation study of administrators' behavior toward employees who receive job offers. *Journal of Applied Social Psychology*, 6, 291-306.

Larwood, L., Levine, R., Shaw, R., & Hurwitz, S. 1979 Relation of objective and subjective inputs to exchange preference for equity or equality reward allocation. *Organizational behavior and human performance*, 23, 60-72.

リンド, E. A.・タイラー, T. R. 菅原郁夫・大渕憲一（訳）1995 フェアネスと手続きの社会心理学 —— 裁判、政治、組織への応用 —— ブレーン出版

(Lind, E. A., & Tyler, T. R. 1988 *The social psychology of procedural justice*. New York: Plenum Press.)

諸井克英 1985 衡平理論における"不衡平な給与 — 課題遂行"パラダイムの検討 実験社会心理学研究, 24, 175-184.

Pandey, J., & Singh, P. 1989 Reward allocation as a function of resource availability, recipients' needs, and performance. *Genetic, Social, and General Psychology Monographs*, 115, 469-481.

Reis, H. T., & Jackson, L. A. 1981 Sex differences in reward allocation: Subjects, partners, and tasks. *Journal of Personality and Social Psychology*, 40, 465-478.

Rusbult, C. E., Campbell, M. A., & Price, M. E. 1990 Rational selective exploitation and distress: Employee reactions to performance-based and mobility-based reward allocations. *Journal of Personality and Social Psychology*, 59, 487-500.

Rusbult, C. E., Insko, C. A., Lin, Y. W., & Smith, W. J. 1990 Social motives underlying rational selective exploitation: The impact of instrumental versus social-emotional allocator orientation on the distribution of rewards in groups. *Journal of Applied Social Psychology*, 20, 984-1025.

Rusbult, C. E., Lowery, D., Hubbard, M. L., Maravankin, O. J., & Neises, M. 1988 Impact of employee mobility and employee performance on the allocation of rewards under conditions of constraint. *Journal of Personality and Social Psychology*, 54, 605-615.

斉藤友里子・佐々木薫 1987 公正原理採択の規定因としての状況特性 実験社会心理学研究, 27, 79-87.

Stake, J. E. 1983 Factors in reward distribution: Allocator motive, gender, and protestant ethic endorsement. *Journal of Personality and Social Psychology*, 44, 410-418.

Stalans, L. J., & Zinser, O. 1986 Reward allocation by impartial allocators to friend or stranger co-workers under equal and unequal ability and performance. *Journal of General Psychology*, 113, 227-233.

田中堅一郎 1990 報酬分配における分配様式に及ぼす属性水準の効果 実験社会心理学研究, 30, 165-173.

田中堅一郎 1991 報酬分配行動に関する研究動向 —— 衡平理論（equity theory）の発展と衰退を中心として —— 心理学評論, 34, 500-523.

田中堅一郎 1992 報酬分配に関する社会心理学的研究におけるこれまでの成果と今後に残された問題 東北女子大学・東北女子短期大学紀要, 31, 11-22.

田中堅一郎 1996 報酬分配における公正さ 風間書房

田中堅一郎 1998 社会的公正の心理学 —— 心理学の視点から見た「フェア」と「アンフェア」 —— ナカニシヤ出版

タイラー T. R.・ボエックマン R. J.・スミス F. J.・ホー Y. J. 大渕憲一・菅原郁夫（監訳）2000 多元社会における正義と公正 ブレーン出版 (Tyler, T. R., Boeckman, R. J., Smith, H. J., & Huo, Y. J. 1997 *Social justice in diverse society*. Boulder, Colorado: Westview Press.)

Walster, E., Berscheid, E., & Walster, G. W. 1976 New directions in equity research. In L. Berkowitz, & E. Walster (Eds.), *Advances in experimental social psychology*. Vol. 9. New York: Academic Press. Pp. 1-42.

Weiner, B. 1979 A theory of motivation for some classroom experiences. *Journal of Educational Psychology*, 71, 3-25.

Witting, M. A., Marks, G., & Jones, G. A. 1981 Luck versus effort attributions: Effect on reward allocations to self and other. *Personality and Social Psychology Bulletin*, 7, 71-78.

山口　勧 2002 資源の分配 古畑和孝・南　隆（編）社会心理学小辞典〔増補版〕有斐閣 p.87.

■著者紹介
原田耕太郎（はらだ・こうたろう）
1991年　広島大学教育学部心理学科卒業
1997年　広島大学大学院教育学研究科博士課程後期単位修得退学
2004年　博士（心理学）
現　職　徳島文理大学文学部助教授

報酬分配場面における
公正認知に関する研究

2006年7月12日　初版第1刷発行

■著　　者——原田耕太郎
■発 行 者——佐藤　守
■発 行 所——株式会社大学教育出版
〒700－0953　岡山市西市855－4
電話(086)244－1268㈹　FAX(086)246－0294
■印刷製本——モリモト印刷㈱
■装　　丁——原　美穂

ISBN4－88730－701－2